내 감정은
틀린 적이 없다

일러두기
- 이 책에 등장하는 모든 내담자의 사례는 개인 정보가 드러나지 않도록 재구성했습니다.

내 감정은
틀린 적이 없다

나를 용서하고 더 좋은 사람이 되기 위한 심리학

이혜진 지음

프롤로그

당신의 모든 감정을
존중해 주세요

'왜 그렇게 부정적으로 생각해?'
'기분 탓이야.'
'마음먹기에 달렸어.'

이런 말을 들으며 마음의 아픔을 견디는 사람이 얼마나 많을까? 우리는 감정에 우위가 있다고 여기는 사회에 살고 있다. 특히 질투, 시기, 우울, 분노 같은 감정은 흔히 나쁜 감정으로 취급되어 외면받거나 억눌린다. 하지만 그런 감정 또한 무조건 없애야 할 문제가 아니라 말 걸고 귀 기울이고 곁에 두어야 할

'마음의 일부'다. 마음은 단순한 기분이 아니라 존재의 신호다.

지워야 하는
감정은 없다

"오히려 좋아"라는 말로 주목받은 가수 장원영의 '원영적 사고'는 불확실한 시대를 버티는 태도로 회자되곤 한다. 확실히 삶을 유연하게 받아들이는 데 도움이 되는 '긍정 사고'라는 점에서 매력이 있다. 하지만 모든 것을 긍정하자는 식으로 풀이될까 봐 우려스럽다. 긍정 사고가 일시적인 방편에 그칠 때에는 오히려 또 다른 공허함이 오기 때문이다. 실제로 지금 우리 사회에는 지나친 밝음 아래 깊은 어둠이 공존한다.

심리학자들의 행복 연구 또한 종종 허무하게 느껴진다. 행복이 도달해야 할 목표가 아니라 순간의 경험일 뿐이라는 주장은 행복을 추구하는 사람에게 길을 잃은 듯한 허탈함을 남기기도 한다. 결국 사람들은 '행복'이라는 단어 대신 '심리적 안전감' 또는 '불행하지 않음'과 같은 상태를 삶의 기준으로 삼게 된다.

요즘 자주 들리는 "내 꿈은 행복이 아니라, 불행하지 않는 것이다"라는 말도 같은 맥락이다. 이 말에는 행복은 어차피 도달하기 어려운 목표라는 전제가 깔려 있다. 고민과 걱정, 질투와 분노, 열등감을 느끼면서도, 사람들은 이를 애써 외면하고 감정을 지운 채 불행하지 않음을 스스로에게 되뇌인다.

나는 우리가 감정에 긍정이나 부정이라는 이름을 붙이기 전에, 삶 속에 자연스레 다가오는 모든 감정을 있는 그대로 바라보기를 바란다. 그 감정이 우리에게 보내는 신호를 읽고, 그에 어울리는 삶을 자신에게 선사하기를 바라며 이 책을 썼다.

이 책에서는 나쁜 감정을 몰아내는 대신 함께 살아가는 법을 이야기하려 한다. 1장에서는 내 마음속 감정을 부정도, 긍정도 하지 않고 있는 그대로 받아들이는 방법을 다룬다. 2장에서는 대화 속에 흐르는 미묘한 감정을 살피는 법을, 3장에서는 인간관계 속에서 느껴지는 감정을 어떻게 다룰지를 설명한다. 마지막으로 4장에서는 모든 감정을 존중하고 건강하게 소화하는 법을 제시하며, 모든 감정과 함께 살아가는 삶을 권한다.

이 책은 감정을 왜곡해 억지로 긍정적으로 만들거나, 부정적이라며 억누르고 없애는 방식을 거부한다. 대신 내 안에 존재하는 감정을 있는 그대로 바라보는 태도를 말한다. 그 중심에는 '마음챙김(Mindfullness)'이라는 개념이 있다. 마음챙김은 다양한 학문적 정의가 있지만 공통적으로 핵심은 '있는 그대로 보기'다.

마음챙김 명상의 권위자인 존 카밧진은 마음챙김의 정의를 다음과 같이 설명했다.

마음챙김은 현재를 판단하지 않고, 그저 가만히 주의를 기울이는 것이다.

감정을 있는 그대로 바라보는 일은 특별한 성품이나 지대한 노력이 없어도 훈련이 가능하다. 언젠가는 우울과 시기, 질투와 분노조차도 '그래, 네가 있구나!' 하고 받아들이는 사회가 되었으면 좋겠다.

감정을 돌보는 일은 결국 나 자신을 돌보는 일이다. 그러니 우리 안의 어두운 마음 또한 삶의 한 조각으로 인정하고 돌보기를 바란다.

이혜진

차례

프롤로그 당신의 모든 감정을 존중해 주세요 · 004

1장
"화나고 부러운 마음이 들어도 괜찮습니다"
내 감정 인정하는 법

감정에 정답이 있다는 착각 · 015
집중이 안 될 땐 감정부터 살펴보자 · 021
함부로 말하지 못하는 감정이 있다 · 028
외면당한 마음이 상처로 남는 이유 · 034
타인은 나를 100퍼센트 이해할 수 없다 · 041
나를 잃지 않기 위한 감정 존중법 · 051
옳은 감정도, 틀린 감정도 없다 · 058
작은 자극에도 불쑥 감정이 올라오는 이유 · 065

2장

"마음에 걸리는 한마디에 주저앉지 마세요"

대화 속 감정을 살피는 법

'하고 싶은 말'을 참는 이유 · 073
숨 쉬듯 지적하는 사람을 대하는 법 · 080
대화 속에 흐르는 가스라이팅 신호 · 088
유독 내 말만 무시당하는 것 같다면 · 094
뒤에서 내 이야기를 하는 것 같을 때 · 104
'잠시 멈춤' 버튼 사용법 · 111
술에 취해 울고 싶지 않다면 알아야 할 것 · 117
기분이 태도가 되지 않으려면 · 123
감정은 과거를 기억한다 · 131

3장

"좋은 사람이 되고 싶다고 감정을 다그치지 마세요"

관계 속 감정을 다루는 법

가족인데 왜 상처를 줄까 · 139

'친한 사이'에 집착하지 않기 · 146

만남 뒤에 오는 감정이 관계를 결정한다 · 152

왜 우리는 모임에 빠지는 게 두려울까 · 158

부러움과 질투를 다스리는 법 · 165

'나랑 비슷한 사람'이라는 착각 · 173

닮음과 다름 사이에 숨은 비밀 · 181

그 사람이 유난히 거슬리는 이유 · 187

불편한 관계를 대처하는 법 · 195

거리를 두고 싶은 마음도 괜찮다 · 203

사랑할 때 가장 필요한 조건 하나 · 211

4장

"감정을 내 편으로
만들어야 합니다"

감정을 건강하게 소화하는 법

내 '핵심 감정' 찾기 · 221
세상이 더 차갑게 느껴질 땐 피로도를 체크하자 · 225
나도 모르게 부러움이 폭주한다면 · 231
내 감정을 인정하면 달라지는 것들 · 237
"그 사람이 잘되는 모습을 보기 힘들어요" · 243
남에게 신경 끄는 기술 · 254
나를 성장시키는 감정과 깎아내리는 감정 구분하기 · 258
감정과 함께 살아가는 담담한 태도 · 264
감정 해방 연습 · 268
불안할 수도 있음을 심플하게 인정해 보자 · 277
우리는 더 나아지는 중이다 · 281

참고 문헌 · 287

1장

"화나고 부러운 마음이 들어도 괜찮습니다"

내 감정 인정하는 법

♥ ♥ ♥

감정에
정답이 있다는 착각

우리는 오랫동안 감정에 정답이 있다고 말하는 목소리를 들으며 자라 왔다.

"이렇게 느끼면 안 돼."
"이런 감정은 부적절한 감정이야."
"그깟 일로 화내면 안 되지."
"사소한 일로 예민하게 굴지 마."

기억조차 나지 않을 만큼 옛 시절부터 들리던 이 소리는 어느새 우리 안에서 당연한 명제처럼 자리 잡았다. 감정이 사회화되다 보니 이제는 내 안에서 감정이 올라오기만 해도 먼저 '과연 적절한 감정인지'부터 따져 묻게 된다. 감정이 생겨난 이유가 궁금하기도 전에 자연스럽게 그 감정이 '느껴도 되는 감정인지' 먼저 판단한다. 여전히 감정에는 정답이 존재하는 것처럼 생각한다.

"남자는 질투 따위 안 해."

이런 말의 이면에는 "질투는 여자들이나 하는 거지"라는 성차별도 함께 존재한다. 질투는 하면 안 되는 감정이라고 여기고, 적절한 감정으로 분류하지 않으려 한다. 칭찬을 받아서 기뻐할 상황에서도 기뻐하는 감정이 상황에 적절한지 망설인다. 그래서인지 충분히 행복해도 되는 순간에 무덤덤한 사람도 많이 본다.

부정적인 감정은 더하다. 부끄럽고 추악하다고 분류되는 모든 감정은 부적절한 감정으로 명명되며 억압받는다. 수없이 많은 감정이 '이런 감정은 느끼지 마!'라는 명령을 받는다. 분노, 슬픔, 수치심은 흔하게 억압되는 감정이다. 사회에서 발붙일 틈이 없는 감정들은 마치 오답처럼 분류된다. 하지만 감정은 애초에 옳고 그름을 따질 대상이 아니다. 그저 지금의 나를 설명할 뿐이다.

나의 감정을 자극하는 드라마 속 주인공

넷플릭스 드라마 〈폭싹 속았수다〉를 보고, 처음으로 또는 수년 만에 울었다는 사람들의 이야기를 들었다. 나 역시 1화부터 울었다. 애순이 엄마를 잃는 장면에서 내 안에 있는 엄마와의 감정이 건드려졌다. 어떤 사람은 평생 애순만 바라보며 산 관식에게 감정을 이입하며 슬펐다고 했다. 다른 사람은 관식을 보고 '나도 저런 배우자를 만났어야 했는데…'라는 생각에 화를 내기도 했다. 한 20대 후반의 중국인 유학생은 애순과 관식의 둘째 은명을 보며 펑펑 울었다고 했다. 자신의 엄마와 같은 삶을 산 둘째에게 자기도 모르게 감정이 이입되었다고 했다.

우리는 같은 드라마를 보고 각자 다른 인물에게 마음이 무너진다. 갖가지 감정을 건드리는 드라마 앞에서 평소와는 다르게 꽤 솔직해진다. 남녀노소 불문하고 마음 편히 울기도 한다. 현실에서는 슬픔이라는 감정을 꺼내기 어려워하면서 판타지에 기대어야만 슬픔을 꺼내는 모습이 안타까운 동시에, 그 어려운 감정을 꺼내도록 돕는 드라마가 고맙게 느껴진다.

또 다른 사례로 〈나의 해방일지〉도 많은 사람이 일상에 해방이 필요했다고 느끼도록 했다. 해방클럽 멤버 박상민 부장이 시간 강박에서 해방되기 위해 '시계 보지 않기', '자고 싶으면 자기', '하루를 알차게 보내야 한다는 생각하지 않기'라고 세운 목표에 많은 사람이 공감했다.

슬픔이 찾아오면 기꺼이 슬퍼하는 감정은 자연스럽다. 화가 나면 그럴 만한 상황이라고 내 마음을 먼저 들여다보아야 건강하다. 혹시 내 감정이 무언가 이상하게 느껴진다면 멈춤이 필요한 순간일 수 있다. 나에게 관심을 가지고 내 찰나의 모습을 놓치지 말자. 그 순간을 인식하는 것만으로도 내 마음은 조금 더 안전한 공간을 확보한다.

감정은 언제나 어떤 이유 때문에 생겨난다. 감정의 적절성을 따지기보다는 그저 내가 내 감정을 설명할 수 있으면 된다. 그렇게 느끼는 이유도 다르게 느끼는 이유도 모두 괜찮다.

내 감정은
매번 다르게 반응한다

 감정은 내 안에 마음 풍경에 따라 다른 결과 값이 산출된다. '부모님 또래의 어르신'은 나에게 자극이 되고 매번 다르게 나를 놀라게 한다. 나이 든 우리 부모님과 연락이 뜸했던 날에는 걱정을 수반하는 불안한 감정이 일어난다. 반면, 부모님과 통화하고 마음이 놓인 날엔 별다른 감정 없이 지나치거나 오히려 그분들의 모습이 잔잔하게 좋아 보이기도 한다.

 내 마음은 같은 상황에서도 매번 다른 감정을 느낀다. 어떤 날은 그 모습이 걱정스럽게 느껴지고, 또 어떤 날은 정겹게 다가온다. 감정이 변덕스럽다고 혼란스러울 필요도 없다. 감정은 지금 마음 상태를 정확히 반영하는 언어와도 같을 뿐이다. 이러한 감정 변화는 자극 하나에만 국한되지 않는다. 일상에서 마주치는 수많은 자극이 그날의 컨디션과 마음 상태에 따라 달리 다가온다. 다시 말해서 내 마음의 상태에 따라 자극은 다르게 해석된다.

 지하철에서 누군가 급히 내리며 어깨를 툭 치고 지나가는 상황도 그렇다. 어떤 날은 '어떻게 저렇게 사람을 세게 밀고 갈 수 있지?'라는 생각에 격노한다. 그런데 또 어떤 날은 같은 강도로 밀치는 사람에게도 한없이 너그러워진다. '엄청 급한 일이 있나 보지. 이 지옥철을 매일 타고 다니는 일이 보통 일은 아니니까'라며 연민의 감정이 풍부해진다.

시시각각 달라지는 감정을 단순히 '감정기복 탓'이라고 단정 짓는다면 마음 건강에 별 도움이 되지 않는다. 그보다는 같은 장면도 내 상태에 따라 다르게 해석된다는 사실을 받아들이는 편이 훨씬 더 좋다. 그래야 내 마음에 여유가 없는 상태에서 나를 더 돌볼 여지가 생기기 때문이다.

집중이 안 될 땐 감정부터 살펴보자

"나 성인 ADHD인가 봐."
"내가 좀 ADHD가 있어서…."

요즘은 이런 말을 농담처럼 쉽게 주고받는 시대다. 예전엔 ADHD라고 하면 무겁게만 느껴졌다. 숨겨야 한다고 생각할 정도로 정신 건강에 관한 병을 금기시했고, 우울증이나 공황장애처럼 정신 질환 용어조차 알지 못했다. 이제는 그때와는 달리 누구나 정신 건강과 관련된 증상이나 용어를 흔히 말하고 듣는다. 그만큼 정신 건강에 관심이 높다는 뜻이다. 이러한 흐름은 반갑다. 다만 단순히 스스로에게 병명을 붙이는 데 멈추지 말고, 그런 증상이 나에게 어떤 의미인지 천천히 들여다보기를 바란다. 그래야 '나'라는 사람을 더 세세히 이해할 수 있는 실마리가 보인다.

이상과 현실의 괴리감을 느끼는 ADHD

누군가 자신을 성인 ADHD라고 생각하기까지는 그만한 이유가 있다. 집중이 잘 안 되거나 산만한 순간을 여러 번 겪었기에, 결국 스스로에게 그런 병명을 붙였는지도 모른다. 이때 '내가 언제 산만해지는가?'를 천천히 들여다봐야 한다. 그다음은 스스로 할 수 있는 일을 찾아 본다. 그런 과정을 거치며 내 마음의 흐름을 조금 더 이해하면 된다.

들뜨고 흥분된 기분은 집중력을 흩뜨린다. 순간적인 기분뿐만 아니라, 본래 타고난 기질 자체가 산만하다면 새로운 자극에 쉽게 주의를 빼앗긴다. 여기에 높은 충동성까지 더해진다면 자신도 모르게 주의가 분산될 가능성이 크다. 신나는 자극이 나타났을 때 순간적으로 반응하기 때문이다.

또한 지금 하는 일 자체가 충분히 흥미롭지 않을 때 집중이 깨지는 일이 쉽게 일어난다. 만약 이러한 일이 자주 반복된다면, '왜 이 일이 나에게 재미없게 느껴질까?', '왜 하기 싫은 일을 이렇게 많이 해야 하는 상황에 놓였을까?'라는 질문을 스스로에게 건네 보자. 그저 나를 산만한 사람이라고 단정하고 넘어가지 말고, 지금은 내가 속한 환경과 해야 할 일에 진지한 고찰이 더 필요한지 생각해 보자.

"전 제가 ADHD 같은데요…."

요즘 상담실에서도, 일상에서도 이런 말을 정말 많이 듣는다. 괜찮다. ADHD가 있어도 괜찮고, 없어도 괜찮다. 집중력을 도둑맞은 시대에 언제라도 생길 수 있는 일이다. 혹시 ADHD일까 봐, 남들과 다르게 보일까 봐 걱정하는 건 괜찮지만, 거기에 잠식되지는 말자. 그저 나에게 맞는 일의 방식, 리듬을 찾아내면 그만이다. 오히려 고민이 줄어들고 삶이 훨씬 단순하고 명료해진다.

늘 산만하다면
우선순위부터 정하자

스스로 ADHD라고 느끼는 선이 씨가 상담실에 왔다. 선이 씨가 실제로 어떻게 시간을 쓰는지를 하나하나 같이 정리해 보았다. 그리고 그것이 선이 씨가 원하는 삶의 방향과 얼마나 가까운지 살펴보았다. 선이 씨가 보내는 하루가 추구하는 이상과 거리가 멀수록 현재에 대한 만족도와 현재의 노력에 대한 보상도 줄어들었을 가능성이 크기 때문이다.

정리해 본 결과, 선이 씨는 일과 공부, 자기 계발, 놀이 등 많은 것을 챙기려 애쓰고 있었다. 하지만 다양한 일에 너무 많은 시간을 쓰다 보니 중요한 사람들을 신경 쓸 여유가 없었다.

<선이 씨 일상의 우선순위 목록>

우선 순위	현실	바라는 삶
1	일 또는 공부	관계(가족 또는 연애)
2	놀이	일 또는 공부
3	운동	운동
4	관계(가족 또는 연애)	잠
5	쉼	쉼
6	잠	놀이

일도 해야 하고, 공부도 해야 하며, 쉬고 놀기도 해야 하고, 운동도 해야 하니까 늘 시간이 모자랐다.

심지어 선이 씨는 가끔 관계뿐만 아니라 일도 놓치는 느낌을 받았다. 일에 시간을 많이 들이는데도 눈에 띄는 성과가 보이지 않았다. 들이는 시간만큼 집중하는 시간이 비례하지도 않다 보니 효율도 떨어졌다. 그러면서 '난 왜 이렇게 산만하지? 집중을 30분도 못 하네…'라며 자책했다.

그렇다고 일이나 공부만 하지 않았다. 노는 시간도 빠지면 안 될 것 같아서 시간을 많이 썼다. 하지만 놀면서도 해야 할 일이 머릿속을 떠나지 않았고, 잠도 부족해지면서 몸은 더 피곤해졌다. 늘 새벽 4시에 잠에서 깨는 버릇도 생겼다. 최근에 푹 잔 기억이 없을 정도로 잠을 편히 자기 어려웠다. 자연스럽게 중요한 관계가 계속해서 뒷전으로 밀려났다. 선이 씨는 공허함을 느꼈다.

일과 관계를 놓고 우선 순위를 다시 정리해 보니 선이 씨가 가장 높이고 싶다고 말한 영역은 '관계'였다. 복잡하고 분주한 하루 속에서 가장 간절했던 무언가는 다름 아닌 '내 마음을 알아주는 한 사람'이었다. 지친 마음에 위안이 될, 좋은 관계를 삶에 들여놓고 싶다는 결론으로 향했다. 잠도 쉼도 중요하지만, 그보다 마음의 외로움을 나눌 수 있는 시간이 선이 씨에겐 간절했다. 산만한 일상 뒤에 숨겨진 진짜 바람이었다. 선이 씨가 진짜로 원했던 무언가를 찾을 수 있었던 까닭은 산만한 자신의 상태를 문제로만 보지 않고, 그 안에 담긴 자신의 진짜 마음을 찾아보았기 때문이다.

불안하고 산만해서 일상이 어지럽게 느껴질 때 우리는 종종 "혹시 내가 ADHD는 아닐까? 내가 정말 이상한 사람일까?"라는 의심에 빠지곤 한다. 물론 그런 질문이나 자각도 필요하다. 증상은 그냥 넘기지 않아야 한다. 그런데 진단받을 정도가 아닌데도 산만함이 신경 쓰인다면, 잠시 멈춰서 내 감정 상태를 들여다보는 시간을 보내자.

정신이 없을수록 '정신없음'을 탓하지 말고, 내가 그럴 수밖에 없는 감정 상태에 놓였다는 사실을 인정하자. 무언가에 집중할 수 없을 정도로 마음이 복잡하다면 그 안에는 충분히 불안을 느낄 만한 무언가 자리하기 때문이다.

만약 계속해서 일상의 중요한 일에 집중하지 못하고 아무리 열심히 살아도 무언가가 채워지지 않는다면 그건 지금 이 순간 감정이 나에게 어떤 신호를 보내고 있는 것일지도 모른다. 산만함은 그저 나를 방해하는 문제가 아니라, 나의 감정을 더 깊이 알아차리도록 돕는 하나의 신호다.

함부로 말하지 못하는 감정이 있다

며칠 전, 넘어져 무릎이 아프다고 했던 엄마가 문득 떠올라 고민했다. 괜찮은지 안부를 묻고 싶지만 망설였다. 서로를 아끼기에 솔직해지기가 더 두려웠다.

'카톡을 해, 말아? 괜히 연락했다가 답장이 안 오면 아침부터 기분이 상하지 않을까? 오늘 중요한 일도 많으니 내 컨디션 관리를 위해서 참을까?'

이미 엄마로부터 여러 차례 답장을 못 받은 나는 그렇게 고민을 시작했다. 동시에 '아빠한테 전화를 해 볼까…?'라는 생각이 들었다. 하지만 이내 주춤했다.

'아, 어색한데….'

엄마와 다툰 날이면 아빠도 함께 떠오른다. 왠지 위안이 필요할 때 그런 듯하다. 그런데 막상 전화하기가 정말 쉽지 않다. 40년 평생을 스스럼없이 전화를 건 일이 없다. 일단 아빠와의 대화 자체가 서툴다. 얼굴을 마주 봐도 무슨 이야기를 해야 할지 머뭇거리는 와중에, 전화를 걸고 전화기 너머로 말을 건네야 하다니 어색하다. 이보다 더 어려운 일이 있다. 바로 그 모든 어색함을 뚫고 내 마음을 꺼내는 일이다.

방황하는 감정 속에
원하는 내 모습이 있다

고민 끝에 엄마에게 메시지로 평소처럼 용건만 전했고, 아빠에게는 전화로 안부만 물었다. 내 딴엔 다정하고 싶은 마음에 엄마에겐 하트가 들어간 이모티콘을 함께 보냈고, 아빠에겐 최대한 밝은 톤으로 "별일 없어요"라고 말했다. 사실은 엄마에게 '나는 엄마를 싫어하지 않아요'라는 메시지를 전달하고 싶었고, 아빠에겐 '내 걱정 마세요. 요즘 크게 아프지 않고 잘 살고 있어요'라고 전하고 싶었다. 그런 내 마음이 엄마 아빠에겐 잘 닿았을까?

사실 내가 정말로 하고 싶었던 말은 더 있었다. 엄마에게 지난날 그렇게 험하게 말해서 미안하다고 말하고 싶었다. 엄마의 손도 잡고 눈을 맞추며 그날 그렇게 상처를 주어 미안했다고, 그렇게 엄마를 두고 집을 나와서 후회했다고 말하고 싶었다. 실은 그날 내가 너무 피곤했고 습관적으로 모진 말을 한 거라고 정말 미안했다고 전하고 싶었다. 하지만 그 말은 아직도 하지 못했다.

익숙지 않아 더 어렵다. 하고 싶은 말은 마음속에 분명한데, 그 말을 대체 어떻게 꺼내야 할지 몰라서 망설였던 순간이 우리 모두에게 참 많다. 익숙하지 않아서 더 어려운 말들, 그 안에 살아 있는 우리의 마음에도 이해가 필요하다. 말하지 못한 감정이 쌓일 때, 이러지도 못하고 저러지도 못하는 하루를 살아간다. 선뜻 행동하지도 말로 꺼내지도 못한 채 방황한다. 그 방황하는 마음속엔 내가 진정으로 바라는 소망이 산다.

상대방에게 내 감정을 솔직히 말하는 연습

나에겐 엄마를 더 존중하고 싶은 마음이 있다. 아빠에게는 좀 여린 마음을 내비치고 싶은 바람이 있다. 엄마와는 조금 더 따스해지고 싶고, 아빠에겐 더 기대고 싶은 마음이 숨어 있다. 그건 40년 넘게 엄마에겐 지나치게 연약하고 아빠에겐 지나치게 씩씩했던 내 모습과는 꽤 다른, 지금의 내가 부모님과 맺고 싶은 관계의 모양이다.

마음이 감정이라는 언어를 빌려 주저하는 모양새로 나에게 말을 건다. 가까운 사람과 감정의 거리를 조금 더 좁히고 싶은 마음, 그것이 지금 나를 가장 잘 설명하는 진짜 마음이다. 그리고 그 마음을 가장 먼저 알아주는 사람은 나 자신이다. 내가 바라는 마음을 알게 되기까지 오랜 시간이 걸렸다.

이제는 엄마와 다정하게 메시지를 주고받는다. 아빠와 전화하는 일은 여전히 낯설고 마주 앉아서 대화하는 일도 쉽진 않지만 예전과는 다르다. 그럼에도 더 가까워지고 싶기 때문에 아빠를 피하지 않는다. 점점 내 감정이 보내는 신호를 잘 해석할 수 있게 되었다. 다가갈 수 있는 용기가 적지 않게 모아졌다.

이제 나는 원하는 사람과 조금 더 친밀한 관계로 나아가기 위해 감정이 말하는 바를 그 누구보다도 잘 듣는다. 지금은 말로 전부 다 표현하지 못하더라도, '다정하게 말하고 싶다'라는 마음을 알아차리는 것만으로 변화가 시작된다.

나는 오늘도 그렇게 내 감정과 가까워지는 중이다. 감정은 언제나 정직하게 흐른다. 그 흐름을 믿고 따라 가다 보면 결국 내 마음이 닿고 싶어 하는 곳에 이른다.

살면서 딱 한 번, 아빠에게 기댄 날이 있다. 그날, 이상하리만큼 가장 먼저 떠오른 사람이 아빠였다. 아빠는 아무 말도 묻지 않고, 어떠한 조건도 따지지 않고 곧장 마음을 내주었다. 그때 처음으로 내가 생각보다 훨씬 오래전부터 사랑받고 있었다는 사실을 알았다. 내가 먼저 도움을 요청하기도 전에 이미 그랬다. 그 일을 계기로 나는 비로소 알게 되었다. 나도 아빠에게 기대어도 된다는 사실을, 아빠는 나를 기꺼이 도와줄 사람이라는 것을 말이다.

여전히 망설이고 아직도 어색한 마음이 남았지만 나는 아빠와 더 친하게 지내고 싶다. 내 안의 감정이 그렇게 말하기 때문이다. 이젠 그 소리가 잘 들린다. 나는 그 감정의 말을 따라 흘러가는 중이다.

지금 당신의 감정이 말하는 이야기가 무엇일지 궁금하다. 당장 꺼내지 못할 말이라도 괜찮다. 내 안에 어떤 감정이 산다는 사실 자체가 중요하다.

외면당한 마음이
상처로 남는 이유

어릴 땐 '내가 이상한 사람이라서 같은 반 아이들이 나에게 오지 않는 걸까?'라는 고민을 했다. 그 누구도 나에게 먼저 다가오지 않는다는 사실은 꽤나 고통스러웠다. 다른 아이들은 자연스럽게 서로 어울려 지내는 것처럼 보이는데, 나는 소외감을 느꼈다. 그러면서 결국엔 '내 어딘가가 이상해서'라는 결론에 도달했다.

그렇다고 내가 먼저 누군가에게 다가가지도 않았다. 무턱대고 기다리기만 했다. 누군가 먼저 다가오기를, 나에게 말을 걸기를 바라면서도, 실제로는 책상에 얼굴을 묻고 자주 엎드려 있었다. 그런 마음을 들킬까 봐 부끄러워서 땅속에 얼굴을 파묻는 타조처럼 자는 척하며 스스로를 숨겼다. 귀만 열어 놓고 말이다. 그렇게 나에 대한 부적절감으로 보냈던 10대 시절은 마음 깊이 각인되어 이후 내 삶을 따라다녔다.

나를 바꿔야 한다는 생각은 끝나지 않는다

'아무도 나에게 다가오지 않는다'라는 문장은 어느새 나라는 사람을 설명하는 대표 문장이 되었다. 나는 매력 없는 사람, 한 걸음 더 나아가 어딘가 이상한 사람이라는 생각이 점점 강해졌다. 누군가에게 다가갔다가 거절을 당한 경험도 없으면서, 스스로 타인이 나를 거절했다고 믿었다. 그리고 '대부분이 원하지 않는 나는 좋은 사람이 아닐지도 모른다'라는 결론에 이르렀다.

마음 한 켠에선 저 사람이 왜 나를 싫어하는지 끊임없이 질문했다. 이유를 찾고 싶었다. 작은 단서라도 찾아 고치고 싶었다. 그러면서 나는 사람들이 나를 싫어할 만한 이유를 하나하나 짚어 보았다.

'외모가 대단히 훌륭하지 않아서? 1, 2등을 하지 못해서? 반장감이 아니라서? 아니면 내 성격이 별로라서?'

그렇게 혼자 상상하고 추측했다. 그 시절의 나로서는 할 수 있는 전부였다. 그러면서 인기 있는 아이들을 바라보았다. 내가 인기 없는 이유를 내 안에서 찾듯, 그들이 인기 있는 이유를 바깥에서 찾았다. '예뻐서, 착해서, 공부를 잘해서, 부잣집 자식이라서…' 등 이유는 얼마든지 쉽게 찾을 수 있었다.

나도 모르게 "그래, 내가 이상한 애야. 사람들이 이유도 없이 날 싫어하니까 내가 이상한 사람이 맞다고 치자"라고 말하며 나를 방어했다. 마음속에서는 '이유도 없이 나를 싫어하니까, 저 사람이 이상한 거야. 나는 이상하지 않아'라는 목소리가 울려 퍼졌다. 그렇게라도 하지 않으면 이 부적절함을 견딜 방법이 없었다. 안 그래도 고통 가득한 삶에서 나를 지키고 싶었다. 그 순간만큼은 그렇게 나를 부정하지 않아야 버틸 수 있었다.

사랑받기 위해서 어떤 날엔 외모에 신경 쓰고, 공부에 매달려 성적을 올렸다. 그마저도 뭔가 부족해서 어느 순간부터는 사회성을 연마하기 시작했다. '아무리 잘난 게 없다 할지라도 사회성을 기르면 사람들이 나를 좋아하지 않을까?'라는 생각에서 비롯되었다.

주변에 인기 있는 친구들의 특징을 하나하나 관찰했다. 그들은 잘 웃었고, 말도 재미있게 했으며, 활발하고 무엇보다 밝았다. 반대로 당시 나에겐 그늘이 가득했다. 그늘부터 없애자고 결심하고 내 마음 상태와는 상관없이 웃기 시작했다. 친해지고 싶은 사람들 앞에선 무조건 웃었다. 신기하게도 사람들이 하나둘 다가왔다. 웃는 얼굴이 통한다고 믿을 만했다. 그때의 나는 그런 방식으로 나를 지켰다.

속은 시끄럽고 복잡해도, 겉으로는 늘 밝게 웃기만 했던 시절이었다. 사람들 앞에서는 힘든 티를 내지 않기로 선택했던 때였다. 내 진짜 마음을 스스로 속이며 살았다.

나에게서 시작된 방어 기제

나 자신에 대한 부적절함을 느끼기 싫어서 시작된 방어는 결국 한계가 드러났다. 아무리 애써도 내가 피하려던 감정들은 불쑥 찾아왔다. '내가 이상하다는 느낌', '어딘가 모자르다는 감각' 그리고 '이 세상에 나는 발붙일 곳이 없다는 기분'이었다. 그 모든 감정을 마주할 때마다 다른 방법이 필요하다는 생각으로 이어졌다. 웃는 전략만으로는 그 잘못된 느낌을 지울 수 없었다.

심리학을 공부하고 내 삶에 적용하면서 감정을 정면으로 마주하게 되었다. 사람들에게 먼저 다가가지 못하고 망설이던 이유, 늘 어색함과 초조함으로 사람들 틈에서 점점 더 동굴 속으로 웅크린 감정을 하나하나 들여다보았다.

'내가 이상한가?' 또는 '이상하지 않은가?'에 대한 결론이 아니었다. 핵심은 사람들이 나를 이상하다고 판단할까 봐, 있는 그대로의 나를 받아주지 않았던 내 마음이었다. 함부로 판단받고 싶지 않은 마음, 그 두려움이 현실이 된 듯한 순간마다 나는 사람에게 실망했고 상처받았다. 사실 그 감정이 내가 느끼던 부적절함의 전부이자 핵심이었다. 내가 했던 모든 방어는 그 슬픈 감정을 보지 않기 위한 필사적인 발버둥이었다. 그래야만 살 수 있다고 느꼈던 내 나름의 방식이었다.

어느 날 〈큰손 노희영〉 유튜브 영상을 보다가 마음에 오래 남을 말을 들었다. 노희영은 좋아하는 직원상에 대해 이야기하며, "신입이 지나치게 눈치 빠르게 행동하면 오히려 이미 짜인 틀을 가져온 것처럼 보인다"라고 했다. 오히려 좌충우돌하며 부딪히는 신입이 더 크게 성장할 것이라고 말했다.

나는 사회 초년생 때 눈칫밥 먹고 큰 애처럼 굴었다. 눈치가 빠른 편은 아니었지만 마음은 항상 바빴다. 일머리가 있는 편이 아니라서 눈치를 많이 보며 바쁘게 움직였다. 내 모습을 보고 직속 상사가 한 말이 유난히 기억에 남는다.

"세상 바쁜 엄마 쥐 같아."

아끼는 마음으로 한 말이겠지만, 한편으로는 내가 그렇게 보인다니 놀라웠다. '눈칫밥 먹고 큰 건' 매우 외로운 일이다. 이런 사람들은 자신만의 틀이 없으면 불안하다. 좌충우돌이 아니라 허둥지둥하며 잠식할 위험으로 느끼기에 자기만의 틀이 필요하다.

그 이후 생각을 다르게 하기로 결심했다. 그때의 나와 지금의 내가 다르다는 사실을 인지함으로써 방어의 모양, 횟수, 질이 달라졌다. 내가 손수 밥을 지어 몸으로 넣을 수 있는 존재가 되었다고 생각하자, 당당하고 주체적으로 다른 직원들 앞에 설 수 있었다.

　사람들은 각자 생존하기 위해 자신만의 방어기제를 만든다. 방어기제란 현실의 자아가 감당하기 힘든 불안을 느낄 때 무의식으로 작동하는 심리적 보호막이다. 정신분석학에서는 자신을 보호하기 위한 해결 방식이라 방어기제를 적절히 사용하면 정신 건강에 도움이 된다고 본다.

　하지만 그 기제가 너무 자주, 오랜 시간 반복되면 부작용이 따라온다. 방어는 주로 회피가 되고, 회피는 결국 우리가 현실에서 마주해야 할 감정과 멀어지게 만든다. 지금, 여기, 현실에서 살아 움직이는 감정이 왜곡되거나 부정되지 않으려면 변화가 필요하다.

　꽤 오랫동안 감정을 회피하는 방식으로 최선을 다해 나를 지켰다면 이제는 그러한 방식이 아니라 내 감정과 함께할 수 있는 새로운 방식을 찾을 때다.

타인은 나를
100퍼센트 이해할 수 없다

나는 '나처럼 서운한 감정을 잘 느끼는 사람이 있을까?' 싶을 정도로 마음이 쉽게 상한다. 그런 나를 10년째 지켜본 남편은 이제 웃으며 말한다.

"또 서운하고 섭섭했구나."

이제는 내가 재미있단다. 본인은 그런 상황에서 그런 감정을 느낀 일이 없기에, 뭐든 서운할 일 많은 내가 신기하단다. 서운한 내가 어딘가 잘못되었다고 판단하지 않아서 다행이다.

40년째 서운하고 섭섭한 감정을 매일 느끼며 살아온 나도 이제는 내가 웃기다. 이를테면 주방 아래 선반을 열다 다리를 찧으면 그것도 서운하다. 꼭 사람에게만 서운하란 법이 없다. 내 마음대로 되지 않을 때 사물에도 마음이 상한다. 세상은 내가 원하는 대로만 흘러가지 않다는 것을 알면서도 혼자 서운해한다.

이제는 그럴 때마다 스스로에게 '그렇구나. 또 서운하구나'라고 말해 준다. 그러면 마음이 또 흔쾌히 잠잠해진다. 내 감정을 내가 공감해야지 누가 나만큼 공감할 수 있을까? 이제는 이렇게 생각하고 인정한다.

'아, 거기서 내 마음이 그랬구나.'

'당연한 내 편'은 없다

심리 상담을 하며 내담자들과 궁극적으로 가고자 하는 가장 중요한 방향은 바로 '자기 공감'이다. 쉽지 않지만 불가능한 일은 아니라 내담자들과 함께 천천히 연습해 본다. 대화가 쌓일

수록 내담자들은 어느새 혼자 있을 때도 상담자인 내 목소리가 들리는 듯하다고 말한다.

"이젠 속상할 때 선생님이 뭐라고 물어볼지 떠올라요. 그래서 이제는 직접 물어봐요. 지금 내 마음이 어떻지? 내 마음이 지금 그렇구나. 그러고 나면 마음이 좀 다잡아져요."

'가까운 사람이라면 내 편을 들어야 하잖아?'라고 기대하다 상처받는 날이 참 많다. 그런데 타인이 나를 완전히 공감하는 일은 좀처럼 일어나지 않는다. 그것은 애초에 가능하지 않을지도 모르겠다. 상대방의 상황을 객관적으로 이해하려고 노력하는 '인지적 공감'이 최선이지 않을까? 인지적 공감은 상대방의 감정을 그대로 느끼는 것이 아니라, 그 사람이 처한 상황과 마음을 이해하려는 노력이다.

공감의 다른 차원이라고 연구된 '정서적 공감', 즉 내가 느낀 감정을 상대도 똑같은 감정으로 느끼기를 기대하지 말자. 설령 누군가가 내가 느끼는 감정을 비슷하게 느낀다고 할지라도 그것이 내 감정과 결코 100퍼센트 같을 순 없다. 내 감정은 오롯이 나만 느낀다. 내가 자주 느끼는 '서운함'이라는 감정도 그렇다. 서운함은 누구나 느낄 수 있는 감정이지만, 그 순간 내가 느끼는 방식은 오직 나만의 경험이다.

타인이 나를 공감해 주지 않았을 때 생긴 '내 감정', 그 상처받은 감정 자체를 놓치지 않는 일이 중요하다. 타인이 내 감정에 완전히 공감하기란 불가능하다는 사실과, 내가 그 과정에서 타인의 공감 실패로 상처받았다는 사실은 전혀 다른 차원이다.

자기 만족이
생각보다 어려운 이유

우리는 인간이기에, 타인으로부터 있는 그대로 받아들여지고 싶은 욕구가 있다. 불가능한 차원이라고 할지라도 '바라는 마음'은 존재해도 괜찮다.

대표적으로 칼 로저스는 이렇게 말했다.

우리는 자신의 삶에서 중요한 사람들로부터 긍정적인 반응이 필요하다.

즉, 우리 인간은 누구나 자신에게 중요한 사람들로부터 긍정적인 반응과 수용을 받고자 하는 욕구를 지닌다는 것이다. 나의 말과 행동이 어떤지를 떠나서 기본적으로 '존중받고 싶다', '지지받고 싶다'라는 마음을 가지고 있다.

그는 또한 이렇게 말했다.

이해를 받는 일은 사람이 자신의 어려움에 대해 말할 만큼 충분히 안전하다고 느껴야 한다. 그것이 핵심이다.

이러한 경험은 누군가가 자신의 어려움을 터놓을 만큼 안전하다고 느끼게 만드는 핵심 조건이다. 그래서 상담자들은 내담자가 자신의 이야기를 꺼낼 수 있도록 '공감적 환경'을 조성하는 훈련을 받는다.

어린 시절, 중요한 사람으로부터 무조건 공감받고 싶었던 마음이 좌절되었을 때 그 상처는 꽤 깊이 남는다. 하지만 다행히도 그 상처는 치유가 가능하다. 안전한 심리 상담 또는 그만큼 안전하다고 느끼는 관계 안에서 무조건 존중을 받으면 조금씩 자신을 있는 그대로 받아들이기 시작한다.

나는 심리 상담을 할 때조차 자신의 마음을 꺼내기 어려운 사람들을 자주 만난다. 챗지피티에게는 외롭고 우울하다고 쉽게 말할 수 있는 사람도 상담실 문을 두드리기란 쉽지 않다. 단지 비용 때문만이 아니다. 괜히 마음을 꺼냈다가 또 다칠까 봐 조심스러워한다. 이미 오랜 시간 동안 마음이 존중받지 못하고 내쳐졌던 경험이 쌓였기 때문이다.

'있는 그대로 나를 좋아해 주는 사람을 만나고 싶은데….'
'내 모든 모습을 사랑받고 싶어.'

이런 마음은 너무나 당연하다. 현실에서는 불가능한 일처럼 느껴지더라도, "그렇게 바라는 마음이 존재한다"라는 사실 자체는 충분히 존중받아야 한다. 그래야 그 마음들을 어찌할지, 어떻게 다루고 지켜낼지 계획을 세울 수 있다.

공감받고 싶은 마음을 인정했다면 이제는 다음 걸음으로 나아갈 차례다. 지금까지 부정했던 내 마음을 하나씩 들여다보는 일이다. 우리는 있는 그대로의 모습으로 사랑받지 못했던 날로부터의 상처를 안고 있다. 시험 성적이 부모님의 기대치

보다 낮게 나왔던 날, 안 그래도 속상한 마음에 혼까지 났던 기억이 그렇다. 우울하거나 지친 표정을 지었을 때, "넌 표정이 왜 그러니?", "청승 떨지 마라", "분위기 망치지 마!"라는 말로 당황했던 경험들이 그렇다. 그런 날로 인해 우리는 다음과 같은 조건을 만들어 살고 있다.

- 성취: 공부를 잘할 때만 부모님에게 사랑받을 수 있어.
- 인성: 늘 밝고 긍정적이어만 해.
- 외모: 보기 좋은 외모를 유지해야 관심받을 수 있어.

우리는 누군가의 긍정적인 반응을 얻기 위해 자신에게 수많은 조건을 붙인다. 겉으로 드러나는 외모일 수도 있고, 인성이라고 불리는 내면일 수도 있다. 그리고 그 조건을 충족하지 못하면 배척당할지도 모른다는 불안감을 안고 살아간다. 누군가가 나를 좋아하지 않을 때, 종종 그 이유를 자신의 특정 결점 때문이라고 단정 짓는다.

'내가 부족해서 나를 좋아하지 않는 거야.'
'난 결함이 있는 사람이야.'

'계속해서 발전해야 해. 난 충분하지 않으니까.'

결국 다른 사람도 아니고 내가 나를 채찍질하는 상황이 펼쳐진다. 안 그래도 상처뿐인 마음을 치유하지 못한 채 나에게 짐을 더 지우는 행위일지도 모른다.

내 감정은 내가 제일 잘 안다

이제는 나를 괴롭히는 조건을 하나씩 내 손으로 해제하자. 스스로를 부끄럽게 여기도록 만들었던 모든 조건으로부터 해방되려면 내 감정을 먼저 공감해 주는 일부터 시작해야 한다. 내가 나에게 '그래서 힘들었구나. 그 마음을 존중받고 싶었구나. 그런데 그게 되질 않았구나. 그래서 더 마음 아팠겠다'라고 말해 주는 순간, 비로소 살아갈 힘이 모아진다. .

'나를 좋아하지 않는다면 그 사람의 사정이지.'
'나를 포함해서 누구나 부족한 면은 있지.'
'지금까지도 충분히 발전해 왔고, 앞으로도 내가 원하는 만

큼 발전하면 돼.'

타인의 완전한 공감은 불가능하다. 그저 공감하려는 태도만 존재할 뿐이다. 그것조차도 타인에게 그럴 의지가 있을 때 가능하다. 타인이 나의 모든 감정을 있는 그대로 이해해 주기를 바라는 마음은 어쩌면 완벽한 허상과도 같다. 그것을 바랄 때 좌절의 대가도 커진다.

이렇게 생각해 보자.

'애초에 저 사람은 내가 아니기에, 나를 완전히 알 수 없다.'
'나 역시 저 사람이 아니기에, 저 사람을 완전히 알 수 없다.'

이 단순한 사실을 인정하는 순간 불필요한 기대와 서운함이 줄어든다. 우리는 서로를 완전히 알 수 없다. 내가 타인으로부터 섣부른 공감을 바라는 일도, "나는 너를 알아", "나는 너를 이해해"라고 섣불리 타인에게 공감한다고 말하는 일도 절제하는 편이 서로에게 이롭다. 공허한 공감보다 이해해 보고 싶다는 태도가 앞설 때, 서로를 조금이라도 존중하고 긍정하며 이해할 여지가 생긴다.

심리 상담이 그렇듯, 안전한 관계에서도 그렇듯, 중요한 건 완전한 공감이 아니라 공감하려는 환경을 함께 만드는 일이 중요하다. 그 환경 안에서 서로를 향한 존중이 쌓일 때, 비로소 진짜 이해라는 가능성이 열린다.

나를 잃지 않기 위한
감정 존중법

집에서 도보로 7분 정도 서두르지 않고 걸어가면 카페가 하나 있다. 평일 아침 7시쯤에는 중앙 큰 테이블에 거의 아무도 없다. 내가 가장 좋아하는 시공간이다.

정확히 말하자면 이 환경은 마음을 다잡고 중요한 일을 시작할 수 있는 완벽한 세팅에 가깝다. 적당히 널찍한 테이블, 세 시간 정도는 앉아 있어도 엉덩이가 아프지 않은 의자, 차분해지는 원목 재질의 인테리어, 적당히 따스한 조명과 적당히 춥지 않은 온도, 바깥의 녹색 나무가 보이는 통창 유리에서 완벽함이 느껴지고 집중력이 상승한다.

성과를 곧 나라고 여겼던 시절

마음이 아무리 복잡해도 해야 할 일은 늘 존재한다. 그 일은 대개 중요하다. 덜 중요한 일은 마음을 그토록 시끄럽게 하지 않는다. 중요한 일이기 때문에 더 잘하고 싶고, 많은 경우 그 일에는 내가 중요하다고 여기는 사람이 얽혀 있다.

이 카페에서 일이 잘된다고 처음 느꼈던 날은 벌써 몇 해 전이다. 그 무렵의 나는 깜냥에 비해 지나치게 무거운 책무를 짊어졌다고 느끼면서도 잘 해내고 싶었고 인정받고 싶었다. 중요한 사람들과 함께하는 중요한 일이었기 때문에 무거운 마음을 안고 있었다. 카페라는 공간에 당시 부담스러운 감정을 기댔다.

글을 쓰다 보니 문득 10여 년 전 HR컨설턴트로 일하던 나에게도 이런 시공간이 절실했다는 생각이 든다. 그때 나는 여기저기를 떠돌며 감당하기 벅찬 일을 해내야 한다고 스스로를 몰아세웠다. 그 시절 나의 매일에는 우울과 불안이 함께했다. 그때의 나는 감정에 관심을 보이지 않았다. 그럴 여유가 없었다. 쫓기는 인생 속에서 감정 따위 들여다볼 틈이 없다고 생각했다. 그럴 시간에 일을 더 처내야 한다고 생각했다.

실제로 맡은 일도 많았다. 나는 무조건 내가 다 해야 한다고 믿었고, 잠을 줄이면 가능하리라 여겼다. 해내는 일과 잘하는 일은 다르다는 사실을 모를 때였다. 잠 대신 선택했던 시간의 결과는 대부분 실패로 돌아왔다. 여기서 실패는 HR 컨설팅 회사에서 프로젝트를 수주하기 위해 밤새 공들여 써서 제출했던 제안서가 실패했다는 뜻이다.

수년간 수십 번 떨어지기 전까지는 몰랐다. 시간과 마음을 다하면 언젠가는 일이 잘된다고 막연히 낙관했다. 그렇게 허상을 좇느라 허덕이던 때, 내 안의 또 다른 감정들은 설 자리를 찾지 못한 채 몸속 어딘가에서 악성 세포로 자라고 있었다.

그때의 나는 나에 대한 존중이 거의 없었다. 나는 그저 일하기 위한 도구로 쓰였다. 일을 해내지 못하면 쓸모없는 존재로 전락했다. 성과가 나지 않는 날이 대부분이었기에 대체로 못난 인간으로 살아야 했다. 내가 일하던 환경에는 언제나 나를 평가하는 상사들과 외부 고객들이 존재했다. 그들의 시선 자체가 힘들었음에도 기꺼이 타인의 시선만 신경 썼다. 내 감정은 늘 뒷전으로 밀려났다.

그들로부터 좋은 평가를 받아야만 살아남는다는 생각이 나를 지배했다. 실제로 그 세계에서는 그런 생각이 그리 이상하진 않았다. 그곳에서 나는 무능력했고 도움을 줄 사람도 아무도 없다고 느꼈다. 정서적으로 사회적 고립 상태라고 해도 무방할 정도였다.

실패가 쌓일수록 점점 더 직장에서 고립되었다. 나를 평가하는 상사, 나를 무능하게 보는 상사의 눈초리가 나날이 두려워졌다. 원망스럽기도 했다. 아무리 노력해도 일이 잘 풀리지 않았다. 나를 탓하다가 그들을 탓하다 결국 자의 반 타의 반으로 퇴사했다.

감정에 귀 기울이는 일이 나를 지키는 일이다

퇴사하고 나에게 남은 건 그들에 대한 원망, 폐허 같은 몸과 마음이었다. 그제야 내 안에 깊은 우울감이 보였다. 정신건강의학과로 갔다. 그렇게 아팠음에도 우울증은 아니었고, '기분 부전증'을 진단받았다. 두 달 동안 항우울제를 먹으면서 처음으로 내 부서진 마음을 바라보는 시간을 가졌다. 내가 나를 얼마나 오랫동안 방치했는지를 그제야 알았다.

기분 부전증(Dysthymia)[1]은 우울증보다 덜 알려진, 우울증의

한 형태로 본다. 주요 증상은 우울증과 유사하되 더 경미한 수준으로, 하루 중 대부분 우울한 기분이 지속되는 상태를 말한다. 이런 상태가 최소 2년 이상 지속된다.

  살면서 많은 날을 늘 '우울해', '짜증나', '기분이 별로야'라는 말을 입에 달고 살 만큼, 오랫동안 그런 기분 속에 살았던 사람들에게 해당되는 질환이다. 기분 부전증을 경험하는 사람들은 비관적이고, 절망감과 피로감을 자주 느끼며, 에너지가 적고, 자신감이 낮다. 짜증이 자주 나고 무기력하며, '나는 사랑받을 수 없을 것 같다', '나는 좋은 사람이 아닐지도 몰라'라는 부정적인 자아상을 지닌 경우가 많다.

  나 역시 그랬다. 내가 우울감을 느꼈던 시작은 꽤 오래 전부터였다. 어쩌다 오랜 사진첩을 넘기다 알게 되었다. 열 살 남짓한 나는 카메라를 심히 어두운 표정으로 바라보고 있었다. 초등학교 졸업 사진도 마찬가지였다. 내가 사회성을 길러야겠다고 다짐하기 전까지 사진 속 나는 대체로 무표정이다(지금도 평소엔 대부분 무표정이지만, 이제는 웃는 날들이 많아졌다).

  아동기부터 시작된 그런 감정들이 성인이 되어서도 꾸준히 이어졌고, 나라는 사람에 대한 정체성과 성격을 형성하는 데 영향을 받았다. 결국 '나는 원래 우울한 사람'이라는 믿음이 생겼다.

오랜 우울감에 익숙해진 사람은 '나는 원래 그런 사람'이라고 믿기 때문에 우울하고 힘들 때 누군가에게 도움을 요청해야 하는 일이라고, 병이라고는 생각하기 어렵다. 오히려 '나는 원래 문제 있는 사람이라 그런가 보다'라고 믿으며 삶을 유지할 위험이 크다.

10대에 접어들어 20대로 향하는 동안 나는 방 안에서 남몰래 우울했다. 그래서 공식적으로 남은 기록이 거의 없다. 나 자신만 기억하고 있을 뿐이다. 세상 어디에도 내보이지 않은, 나만 아는 비밀 감정이다. 우울은 그때부터 이미 세상으로부터 철저하게 은폐되었다.

그리고 서른이 넘어 사회생활을 하면서 그 감정은 스스로에게조차 버려졌다. 그 대가를 온몸으로 치렀다. 암에 걸렸다. 다행히도 너무 늦기 전에 치료할 기회가 와서 수습 가능한 시점에 병에 대처할 수 있었다.

퇴사 후 몸을 돌보며 마음도 본격적으로 돌봤다. 그제야 나는 내가 오랫동안 소홀히 했던, 마주하고 싶지 않았던 우울감과 불안을 정면으로 만났다. 내가 나를 잃지 않기 위해, 더 이상 아프지 않기 위해 다시 한번 내 감정을 존중하기로 결심했다.

 하루의 기분을 돌보는 일이 어쩌면 하루의 전체를 결정짓는 일이라고 자주 생각한다. 늘 해야 할 일이 끊임없이 이어지는 삶에서 그 모든 일을 해내기 위해서는 적정하게 안정적인 기분 상태가 뒷받침되어야 한다. 그리고 그 감정을 가장 먼저 그리고 깊이 응원하는 사람은 결국 '나'다.

 내 안에서 발생하는 감정은 나 자신을 돕기 위해 생겨난다. 우울한 감정은 지금의 내가 지쳤다는 알림이고, 불안감은 잠시 멈춰서 나를 봐 달라고 말하는 신호다. 공허한 감정이 든다면 지금 내게 정말로 중요한 무언가가 빠졌으니 찾아 달라는 간절한 외침이다.

옳은 감정도, 틀린 감정도 없다

　나는 성미가 급하고 인내심이 부족한 편이며 우울증에 취약하다. 암에 걸리고 몇 년째 통증을 데리고 살다 보니 우울감도 자주 느낀다. 항암 치료 이후로는 꾸준히 늘 어딘가가 아팠다. 이제는 "이 통증이 사라지면, 다음엔 어떤 통증이 생길까?"라고 농담할 정도로 익숙해지는 중이다.

　웃어넘기려고 해도 통증은 아프다. 3년 전쯤부터 1년 반 정도는 강도 높은 진통제를 매달 3주 이상 복용해야 일상생활을 겨우 할 수 있었다. 고통을 최소 0에서 최대 10 사이의 수치로 표현하면 매일 7 이상을 유지할 정도로 심한 날이 지속됐다.

눈이 침침해지고 급기야 간 수치에도 빨간색이 떴다. 간이 더는 감당할 수 없다고 경고했다. 이후 나는 작년 한 해를 '통증 집중 관리의 해'로 정했다. 할 수 있는 방법은 다 찾았다. 식단부터 한약, 사혈까지 그 시점에 할 수 있는 최대한 시도했다. 그때까지 항호르몬 치료제로 복용하던 재발을 낮출 수 있다는 약도 끊었다. 그만큼 통증 관리가 시급했다.

다행히 차도가 보여서 지금은 통증 2~3 수준치 정도에 머문다. 한 달에 3주는 통증 7 이상이었던 삶에서 한 달에 2주 정도 통증 2~3 수준에 머무는 삶으로 이동했다. 이만하면 살 만하다. 그렇지만 2~3 수준의 통증도 통증이다. 만성 통증에 지친 우울감이 자주 찾아오는 일상이 되었다.

타인은
내 삶의 표면만 본다

첫 책을 내고 얼마 지나지 않아 리뷰를 보고 충격을 받았다.

이런 책이 베스트셀러라니 허무하다. 이 사람은 진정 삶에 대해 뭘 알기나 하고 상담하고 글을 쓰는 건가? 부모 잘 만나

유학 다녀오고 금수저에 먹고살기 편하니까 그저 자기 자신이 마음에 안 들어서 힘들다고 징징대고 있네.

이 리뷰를 읽으며 여러 감정이 올라왔다. 3년쯤 지난 지금은 이렇게 생각을 정리했다.

첫째, 나는 '이런 책이 베스트셀러라니 허무하다'라는 감정을 충분히 이해한다. 출판 시장에 대한 불신이 있다면, 마케팅을 속임수처럼 느끼거나 인스타그램 인기만으로 책이 팔리는 현실에 반감이 생길 수 있다. 운으로 인한 성공에 허무감을 느끼는 것은 당연하다. 나 역시 '베스트셀러'라는 말만 믿고 구매했다가 실망했던 경험이 많다. 내 책 역시 인스타그램에서 자주 보이던, SNS에서의 화제가 실제 구매로 많이 전환된 책이 맞다.

둘째, '이 사람은 진정 삶에 대해 뭘 알기나 하고 상담하고 글을 쓰는 건가?'라는 말에 대해서는 '작가가 인생의 아픔을 알지도 못하면서 그걸로 돈 벌며 글을 쓸 자격이 있는가?'에 대한 의문으로 느꼈다. 씁쓸한 감정이 올라왔다. 내 아픔은 주관적이라 아무도 내 아픔을 알지 못한다. 동시에 나도 세상의 모든 아픔을 알지 못한다. 불가능한 일이다.

셋째, '부모 잘 만나 유학 다녀오고 금수저에 먹고살기 편하니까'라는 말은 절반은 맞는 말이다. 경제적으로 독립하기 전까지는 확실히 편하게 살았다. 그런데 그 이후의 삶은 다르다. 20대 중반부터 40대 중반을 바라보는 지금까지, 삶의 반절 정도는 먹고살기 편한 삶은 이상일 뿐이라고 생각하며 살고 있다. 유년 시절의 배경이 지금 지속적으로 이익을 제공하는 것도 맞다. 하지만 그것이 내가 겪은 마음의 아픔과 별개의 문제라는 점도 말하고 싶다.

마지막으로 '그저 자기 자신이 마음에 안 들어서 힘들다고 징징대고 있네'라는 말엔 꼭 대답하고 싶었다. 왜 징징대면 안 되는가? 상담가는 징징댈 자유가 없는가? 나도 그저 땅에 발붙이고 살아가는 작은 사람일 뿐이다.

감정의 유통기한은 내가 정한다

누구나 삶에서 고통을 짊어지고 산다. 그래서 나는 우리가 더 징징거릴 수 있으면 좋겠다. 타인에게 지나치게 의존하고 타인의 에너지를 빼앗자는 말이 아니다. 그냥 있는 그대로 표현할 줄 알면 좋겠다. 힘듦을 애서 숨기느라 곪아 터질 게 아니라, 힘들 땐 힘들다고 말할 수 있는 사회가 되었으면 좋겠다. 한 명의 인간으로서 삶의 다양한 고통을 꺼내고 드러낼 수 있기를 원한다.

삶에는 고통도 있고 기쁨도 있다. 힘들 땐 힘들고 편안할 땐 편안하다. 있는 그대로 느끼는 삶이 더 편안한 삶이다. 지금 느끼는 우리의 감정은 모두 이유가 있어서 생겨난다. 어떤 상황이든 일단 내 감정이 그렇게 느꼈다면 그 감정은 맞다.

일단 그곳에서 출발해야 다음으로 나아갈 수 있다. 부자든, 몸이 멀쩡한 사람이든, 번듯한 직장이 있는 사람이든, 다정한 가족이 있는 사람이든 고통은 평등하게 찾아온다. 그렇기에 지금 느끼는 감정은 그냥 받아들이자.

대단한 일이 없어도 괜히 울적해지는 날이 있다. 특별한 이유 없이도 그냥 종종 찾아온다. 평소엔 그냥 넘어갈 일들도 괜스레 오래 머문다.

오늘은 강아지의 눈꺼풀에서 진드기를 발견했다. 남편이 발견할 때까지 난 모르고 있었다. 그 사실에 반성했고 속상했다.

'내가 요 며칠 내 할 일을 한답시고 강아지가 보내는 신호를 놓친 건 아닐까?'라는 죄책감이 들었다. 이 감정은 곧 불안으로 번졌다.

첫 반려견을 떠나보내기까지의 기억이 그 감정 속에 묻어 있었다. 첫 강아지는 태어나 한 살 때부터 아팠고, 열세 살에 무지개다리를 건널 때까지도 늘 아팠다. 수없이 방문했던 병원 가는 길에 느낀 수많은 불안, 그 학습된 감정이 5년이 흐른 지금도 내 몸과 마음에 남아 있다. 애도의 시간이 더 필요하다고 느낀다.

상담 중 이런 질문을 자주 듣는다.

"언제까지 애도해야 하나요?"

가까운 사람이 죽고 난 뒤 끝나지 않은 슬픔에 대해 묻는 말이다. 애도에는 정답이 없다. 만약 내가 아직도 슬프다면 애도의 시간이 더 필요하다. 어쩌면 애도는 끝이 아니라 평생 함께 해야 하는 감정일지도 모른다. 누군가를 사랑했던 만큼 그 빈자리를 오래 그리워하는 감정은 어찌 보면 틀렸다고 볼 수 없는 자연스러운 감정이 아닐까?

애도라는 거대한 감정부터 사소한 감정까지 우리의 감정은 틀리지 않다. '이런 감정을 느끼면 안 되지'라는 생각으로 무 자르듯 쳐내 왔던 감정들이 있다면 이제는 그 감정들을 바라보자. 거울 속 내 얼굴을 보듯 그냥 보자.

작은 자극에도
불쑥 감정이 올라오는 이유

SNS를 보다가 누군가 올린 "오늘 날씨 참 좋다"라는 글과 사진 한 장에 괜스레 울적해지는 날이 있다. 감정은 그렇게 여러 생각이 만든 결합체처럼 찾아온다.

'나도 저렇게 예쁜 꽃 보러 가고 싶은데, 여기에 이러고 있네.'

예전에는 가족 단위로 많이 모이는 공원이나 공공장소에 가면 괜히 기분이 뚝 떨어지곤 했다. 그런 기분의 실체를 추적하다 보면 마음 한구석에 이런 생각이 자리 잡는다.

'나도 저렇게 화목한 가정에서 자랐다면 좋았을 텐데, 나에겐 다시 없을 일이겠지?'

나의 결핍을 건드리는 자극을 만날 때면 어김없이 우울한 감정은 커졌다. 감정은 늘 정직하다.

'먹방' 앞에선 배부름도 덧없다

희정 씨는 영상을 보다가 누군가가 떡볶이를 먹는 장면을 보면 자신도 모르게 떡볶이를 시켜 먹는다고 말했다. 그렇게 먹고 나서야 냉장고 안에 사두었던 식재료들이 보이고, 또 무언가에 휘둘렸음을 깨닫는다.

계획에 없던 행동이라 단순히 보면 순간적 충동처럼 느껴지지만, 사실 그 욕구는 처음부터 내 안에 있었을 수 있다. 그저 수면 위로 올라오지 않던 욕망이 어떤 자극에 의해 스위치가 '켜진 것'뿐이다. 이럴 때는 죄책감을 느끼기보다는, 오히려 내가 어떤 자극에 쉽게 반응하는지 살펴본다.

감정은 음식처럼 원초적인 자극부터 다양한 외부 자극에 의

해 순식간에 촉발된다. 그래서 내가 요즘 어느 자극에 주로 노출되는지 살펴보는 일이 중요하다. 지금 이 순간, 내 눈앞에 어떤 자극이 보이는가? 그 자극이 내 감정을 언제든지 건드릴 가능성이 높다.

자극이 많이 필요한 사람은 늘 새로운 어딘가로 향한다. 매일 같은 루틴보다도 예측 불가능한 하루가 더 편하다. 반대로 자극이 많지 않아도 되는 사람도 있다. 하지만 그런 사람에게조차도 어느새 다양한 자극이 곁에 와 있다. 자주 보는 영상이나 SNS가 대표적이다.

'우와, 어쩜 저렇게 멋지지?'
'진짜 있어 보이게 찍었다.'
'어떻게 매일 저렇게 멋진 곳에 가서 멋진 걸 먹는 거지?'

점점 더 있어 보이는 사진을 올리도록 부추기는 SNS 세상에는 빛나는 사람들이 넘쳐난다. 타인이 올린 게시물 앞에서, 감정은 실시간으로 반응한다.

'나는 그렇게까지 올릴 사진이 없네.'

'나도 저런 데 가야 하나?'

'나도 저런 걸 먹어야 하나?'

'나도 저렇게 살아야 하나?'

SNS 사진 한 장에 마음이 흔들릴 때

소셜 앱을 열기 전부터 특정한 누군가를 의식하며 보진 않는다. 대개는 아무 생각 없이 심심해서 앱을 연다. 그런데 어쩔 땐 한 장의 사진이 마음을 건드린다. 순식간에 기분이 상하고 알 수 없는 감정이 밀려든다.

갑자기 기분이 상했다면 내가 잠깐 지쳤거나 욕망이 충족되지 못한 상태에서 어떤 '자극'에 노출되었기 때문이다. 기존의 감정이 지금의 감정을 연쇄적으로 건드린 탓이다. SNS에서 타인을 보며 비교하는 심리는 종종 욕망과 피로가 만난 자리에서 급격히 작동한다. 오히려 이럴 때는 나에게 질문할 필요가 있다.

'이 감정, 어디서 온 거지?'

'내가 굳이 지금 이런 감정을 느낄 필요가 있을까? 고작 사진 한 장 때문에?'

나에게 계속 질문을 던져야 감정을 주도적으로 관리할 수 있다. 처음에는 불편할지라도 점점 익숙해질 것이다. 이 과정이 쌓이다 보면 어느새 감정에 휘둘리지 않고 감정을 하나의 신호처럼 다루게 된다.

예를 들어, 친구의 SNS를 보고 부러움에서 그치지 않고 화가 치밀어 오른다면, SNS를 끄고 잠시 쉬는 시간을 가지자. 어쩌면 지금 느끼는 감정은 이미 내 안에 어떤 욕망이 현재의 지친 상태에 입혀진 순간일지도 모른다. 여유가 조금 생겼을 때 나에게 물어보자.

'나는 왜 이렇게 화가 난 걸까? 이 감정은 과거의 어떤 기억 때문에 생긴 걸까?'

이 질문에 답할 수 있다는 것은 내가 그 감정을 이야기해도 괜찮은 마음 상태임을 의미한다. 그 감정을 있는 그대로 바라볼 준비가 되어 있으며, 이름 모를 독자와 공유할 만큼 그 감정에 괜찮아졌다는 증거다. 그땐 느껴지기만 해도 기분이 확 떨어지던 자극이 이제는 예전만큼 강하지 않은 자극으로 변화했다고 해석하면 된다. 내가 어떤 자극에 괜찮지 않은지를 알아보는 시간은 마음의 상태를 파악하는 하나의 척도가 된다.

2장

"마음에 걸리는 한마디에 주저앉지 마세요"

대화 속 감정을 살피는 법

🤍 🤍 🤍

'하고 싶은 말'을 참는 이유

하고 싶은 말을 다 하며 사는 사람이 얼마나 될까? 사회생활을 하다 보면 참아야 할 말이 많다. 예를 들어, 상사의 말에 공감하지 않더라도 억지로 웃는 얼굴을 장착해야 할 순간이 온다. 아무리 생각이 달라도 "그건 아닌 것 같아요"라고 정색하며 말하려면 상당한 위험을 감수해야 한다. 사회성이라는 이름으로 쓰고 있는 가면을 잠시 내려놓아야 가능한 일이다.

친구 사이에서는 어떠한가? 친구 나름이겠지만 아무리 가까운 사이라 하더라도 쉽게 꺼낼 수 없는 말이 있기 마련이다. 특히 타인의 마음을 먼저 헤아릴 정도로 배려하는 성향을 지녔다면 하고 싶은 말을 꺼내는 일이 더욱 조심스럽다. 나는 감정을 참으며 하고 싶은 말을 다 내뱉지 않는데, 상대는 하고 싶은 말을 거침없이 쏟아 낸다면 그 또한 난감하고 괴로운 순간이다. 자기가 하고 싶은 말을 꺼낼지 말지 선택하는 일은 생각보다 간단하지 않다.

'내가 이 말을 하는 게 맞을까?'
'내가 이런 마음을 드러내도 될까?'

끊임없이 스스로를 검열하면서 남에게 어떻게 보일지 신경 쓰는 사람들, 즉 하고 싶은 말을 참는 게 습관이 된 사람들이 종종 이렇게 이야기한다.

"하고 싶은 말의 반도 못하고 참아요."

우리는 모두
감정을 숨기며 살아간다

어떤 직업을 가진 사람들은 직업 윤리 차원에서 감정을 드러내지 않도록 엄격히 통제받는다. 어린 시절부터 친한 친구 중에 목회자의 자녀가 많았다. 목회자나 그 가족들은 개인적으로 아무리 지치고 힘든 상황에 처하더라도 자신의 고통을 드러내지 않으려 애쓰며 힘들어했다. 신도들에게 평화를 전하는 설교를 하는 가정이기에 분노나 절망, 무기력과 같은 부정적이거나 나약하다고 여겨지는 감정은 집에서조차 금기처럼 여겼다. 성인이 되어서도 남몰래 쌓인 고통을 짊어지느라 또 다른 차원의 외로움과 아픔이 쌓이는 사람들을 곁에서 자주 보았다.

10대 시절, 성당에서 고해성사했던 기억도 떠오른다. 매주 작은 고해실에 들어가 신부님 앞에서 죄를 고백했다. 신부님에게 얼굴이 보였는지 확신할 순 없었으나, 나는 내가 보이지 않는다고 믿고 조심스레 그 주에 잘못한 일을 털어놓았다. 고해실을 나와서 보는 신부님은 언제나 평온해 보였다. 마치 어떠한 슬픔이나 고통도 없고 흔들리지 않는 신비함이 느껴졌다.

그런데 지금 돌아보면 신부님도 인간이라는 생각을 한다. 분명 나름의 아픔과 고민이 있었을 테다. 만약 자신의 힘겨움을 절대로 드러내서는 안 된다고 여겼다면, 상당히 고단한 삶이 아니었을까 생각해 본다.

누구에게나 이성을 잃어버릴 만큼 아픈 감정이 찾아온다. 그럴 때마다 힘든 기색을 억누르고 평정만을 유지해야 했다면, 그 삶은 보이지 않는 무게를 끌어안고 사는 돌덩이와 같다.

행복은 '감정 점수'에서 갈린다

감정을 억누르는 일도 누군가에겐 스스로 선택한 삶의 일환이다. 그렇지만 차마 꺼내지 못하고 남은 감정은 어떻게 처리해야 할까? 적어도 혼자 있을 때만큼은 내 감정이 무엇을 말하는지 들을 필요가 있다.

종교인이 아니더라도 많은 사람이 일상에서 자신의 감정을 부인하며 살아간다. 밖에서 하고 싶은 말을 참는 일은 어쩔 수 없다고 하더라도, 혼자 있을 때 나 자신까지 속이려 하진 말자. 내가 느끼는 모든 감정은 결국 내 삶의 풍요로움을 결정하는 중요한 요소다.

한국인의 현실적인 행복을 연구하고 이야기하는 책 《행복의 기원》 저자 서은국은 행복을 측정하는 척도[2]를 두 가지 기준으로 말한다.

첫째는 '삶에 대한 만족감'이다. 나의 삶, 인간관계, 소속된 집단에 느끼는 만족도 총합이 바로 내 삶에 대한 만족감이다. 둘째는 일상에서 경험한 '감정의 총점'이다. 한 달 동안 경험한 감정을 긍정 정서와 부정 정서로 나눠 살펴본다.

즐겁고 편안하고 행복한 긍정 정서의 총합에서 부정적이고 짜증이 나고 무기력한 부정 정서의 총합을 뺀 값이 정서적 행복 점수다. 오늘부터 2주 동안 감정 값을 기록하면서 행복한 상태를 가늠해 보는 용도로 활용하길 권한다.

내 삶에 대한 만족감이 어떠한지, 긍정 정서와 부정 정서의 비율은 어떠한지, 이것이 내 삶의 행복감을 어떻게 설명하는지 성찰해 보는 용도로 써 보자. 내 삶에 더 필요한 감정이 무엇인지 알 수 있다.

행복 척도에서 중요한 혜안은 삶에 대한 만족이 아무리 높더라도, 긍정 정서를 적게 경험하거나 부정 정서를 많이 경험하면 최종 행복 점수가 낮아진다는 사실이다. 삶에는 만족한다고 생각하면서도 실제로는 즐거운 감정을 거의 느끼지 못하며 살거나, 오히려 불쾌한 감정에 시달리며 살아가는 사람들이 많다. 그렇다면 내 삶에 대한 평가와는 별도로 내 감정의 흐름에 세심한 관심을 기울여야 할 때다.

늘 웃으며 주변을 챙기던 동료가 자주 하던 말이 생각난다.

"이 정도면 감사해야지!"

그는 감사를 모르면 마치 죄를 짓는 듯 느꼈다. 만성 위염과 과민성 대장 증후군을 달고 살았고, 주된 원인은 스트레스였다. 몸이 약한 만큼 감정적으로도 자주 소진되는 모습이 보였다. 그런 모습을 볼 때마다 괜찮은지 물어보면 그는 늘 웃으며 같은 대답을 했다.

"저, 정말 괜찮아요."

괜찮지 않아 보였는데 늘 괜찮다고 말했던 그가 혼자 있을 땐 어땠을지 궁금해진다. 괜찮지 않다고 말했다면 어땠을까 아쉬워지기도 한다.
내가 정말 괜찮은 상태인지 궁금하다면 일상에서 이렇게 관찰하고 기록해 보자.

'나는 어떤 순간에 편안함을 느낄까?'

'나는 어떤 순간에 짜증이 나고 무기력함을 느낄까?'

그리고 한 걸음 더 나아가 내 감정을 어떻게 바라보고 있는지 함께 생각해 보자. 비록 내가 느끼는 감정을 외부에 날것으로 표현하며 살지는 않더라도, 내가 괴로울 때마다 내가 하고 싶은 말을 다 하고 살 순 없더라도, 적어도 나 혼자일 때는 내 괴로움을 스스로 돌볼 줄 알아야 한다. 그래야 내 삶의 행복도가 조금씩 높아진다.

내 안의 불행을 다루는 것만큼이나 행복 역시 충분히 관심을 기울여야 할 중요한 영역이다. 내 감정이 흐뭇한 순간이 언제인지를 잘 알아야 스스로에게 즐겁고 편안한 상황을 만들어 줄 수 있다. 내 삶에서 좋아하는 정서와 불편해하는 정서에 더 많은 관심을 가질 때 나는 나 자신과 더 가까워진다. 조금 더 솔직하고, 더 다정하게 자신을 돌보는 시선이 필요하다.

숨 쉬듯 지적하는 사람을 대하는 법

현관문을 열어 놓았더니 옆집 어머니와 아들의 대화가 들리기 시작한다.

"야! 너 그렇게 입고 다니면 더 살찐다."

그 말투에 나는 잠시 멈칫했다. 좀 무서웠다. 목소리가 너무 날카롭게 들렸기 때문이다.

다행히 지금은 내 주변에 이런 식으로 말하는 사람은 없다. 험하게 말하는 사람을 좋아하지 않기에 알아서 요리조리 거리를 두는 편이다. 그런데 상담을 하다 보면 내담자들은 다음과 같은 말을 자주 듣는다고 한다. 나도 과거에 자주 들었던 말이다.

"너, 머리는 왜 그러고 다니니?"
"지금 그 말은 좀 아닌 거 같은데?"

감정은
사실이 아니라 해석이다

내담자들은 자신을 판단하는 말을 들으면 순간 움찔하지만, 대부분 '그런가?' 하며 넘긴다. 그러다가 시간이 지나 곱씹을수록 기분이 나쁘다는 것을 인지한다. 그리고 속으로 이렇게 생각한다.

'내가 너무 예민한가?'
'이거 너무 사소한 거 아냐?'
'기분 나쁜 티내면 쪼잔해 보이겠지?'
'시간도 지났는데 그냥 넘어가지 뭐….'

내담자들의 이런 생각을 들을 때마다 나는 내담자에게 동의를 구하며 내 생각을 힘주어 전한다.

"고민하기 시작했다면 그건 사소한 일이 아닙니다."

다른 사람은 몰라도 나에게 중요한 일이기에 고민하는 거다. 굳이 스트레스를 받으면서까지 에너지와 시간을 들일 만큼 무시할 수 없다는 뜻이다. 그렇다면 적어도 나 자신은 그 말투가 싫었던 게 맞다. 바로 그것이 중요한 사실이다.

'기분 나쁨'은 '행복감'처럼 철저히 주관의 영역이다. 옳고 그름은 단 하나의 정답이 있는 문제가 아니다. 그런데 많은 사람이 정답을 맞추는 데 익숙하다 보니 자신의 감정을 외면하고 넘긴다. 그냥 넘길 일이 아닌데도 넘긴다. 하지만 감정은 그곳에 그대로 고여 있다. 다음에 또 같은 곳에서 멈칫한다. 그렇게 익숙한 기분 나쁨이 반복된다.

숨 쉬듯 지적하는 사람이 가까이 있다면 어떨까? 정확히 말하자면 '지적으로 들리는 말'을 아무렇지 않게 하는 사람 곁에 있을 때 우리는 어떤 마음이 드는가? 그때 드는 대표적인 감정은 '위축감'이다.

 지적은 수직 관계, 위에서 아래로 훈계하는 내려다보는 구조를 가진다. 부모가 아이에게 훈육이라는 이름으로 지적할 때, 그 말이 아이를 위축시키기도 한다. 아이에게 지적으로 들린다면 그만한 이유가 있다.

 상대에게 위축감을 주려고 했던 목적이 애초에 없다면, 지적으로 들리지 않도록 바꿔 말해야 한다. 듣는 사람에게는 순간의 감정으로 끝나지 않는다. 그렇기에 그냥 넘어갈 문제가 아니다. 실은 그 말을 뱉은 사람에게도 일정 부분의 책임이 따라야 하는 일이다. 현실적으로 대놓고 책임을 부과하기 어렵다면 적어도 듣는 사람 입장에서는 상대방의 지적을 거부할 권리가 있다는 점을 기억하자. 그리고 그 권리는 자신이 스스로에게 부여할 때 생명력이 생긴다.

언제 어디서나 들리는 평가의 말들

 때로는 사람들의 눈이 시퍼런 칼날처럼 매섭다고 느낀다. 예를 들어, 어떤 사람은 지나가는 연인을 보면서 이런 말을 한다.

"어머, 저 커플 봐. 선남선녀."
"저 여자는 왜 저런 남자를 만난대?"
"끼리끼리 만난다더니, 여자가 너무 아깝네."
"저 남자는 저 여자 어디가 좋아서 만난대?"

숨 쉬듯 타인을 평가하는 목소리들이 여기저기에서 들린다. 대놓고 말하지 않더라도 우리는 자동으로 누군가를 볼 때 무언가를 평가하고 판단한다. 그 판단은 대부분 자신이 중요하게 여기는 영역에서 일정 기준을 바탕으로 작동한다.

문제는 모르는 사람에 대한 반사적인 평가보다 가까운 사람끼리 나누는 판단의 말이다. 그 말은 듣는 사람의 입을 닫게 만든다. 상대가 나를 판단한다고 느낄 때 마음도 함께 닫힌다. 더 이야기하고 싶지 않다. 거기서 둘 사이의 연결이 끊어진다.

어느 날 화장품 가게를 두리번거리며 제품들을 이리저리 살펴보고 있었다. 나에게 한 판매원이 다가왔다.

"뭐 찾으시나요?"

마침 직원에게 물어보고 싶었던 참이라 잘 됐다 싶었다.

"제가 지금 쓰고 있는 제품이랑 이 프로모션 제품과의 차이를 알고 싶어요."

나는 아토피 피부라 오랫동안 같은 로션만 써 왔다. 최근 기미 관리용 화장품을 시도했다가 트러블이 생겨 다른 기능성 제품을 써도 될지 판매원에게 물어보았다. 그런데 판매원은 나에게 이렇게 말했다.

"아니! 피부도 엄청 얇은 분이 잘 알아보고 사지 그러셨어요? 그 제품은 고객님 피부가 흡수를 못 해요. 잘못 사셨네. 왜 온라인에서 사셨어요? 쯧쯧."

난 당황했다. 그리고 속으로 생각했다.

'맞아, 이것도 미묘한 지적이지. 그것도 모르는 사람에게 갑자기 받은 지적이야.'

더 비싼 라인으로 나를 데려가서 영업을 시도하는 판매원에게 "알았다"라고 하고, 내가 원래 쓰던 로션 하나만 들고 나왔다. 온라인에서 섣불리 구매했다고 혼내는 듯한 말을 듣는 순간 당황했으나 그 기분이 오래 가진 않았다. 내가 왜 기분이 안 좋은지 분명히 알기 때문에 그 기분에 휘둘리지 않을 수 있었다. 적어도 나는 동의하지 않은 간섭을 싫어한다. 내가 알아보고 사든 안 알아보고 사든 누가 뭐라 간섭할 일이 아니었다. 난 속으로 이렇게 말했다.

'난 지금 당신에게 그 말을 듣고자 한 게 아닙니다.'

만약 가까운 누군가가 나에게 습관적으로 판단하는 말, 즉 지적을 반복해 왔다면 먼저 나에게 이렇게 말해야 한다.

'그렇구나. 그건 당신이 믿는 정답이지, 지금 나에게 필요한 말은 아니야.'

이 말은 단순한 저항을 넘어선다. 나 자신을 지켜내기 위한 태도이자 권리다. 수많은 지적으로 생긴 상처에서 나를 보호하려면 무조건 '사소하다'라며 넘기는 반응부터 멈춰야 한다. 사소함의 여부는 오롯이 내가 결정하는 일이다. 타인에게는 사소할지 몰라도 나에게 중요하다면 그것은 전혀 사소하지 않다. 내가 나에게 그렇게 말하면 된다. 기분 나쁨은 주관의 영역이다. 누군가 대신 판단할 일이 아닌 내가 나를 위해 존중해야 할 감정이다.

대화 속에 흐르는
가스라이팅 신호

'지금 나한테 가스라이팅하나?'

요즘 이런 생각을 하는 사람이 많아졌다. 그만큼 '가스라이팅'은 이제 우리 사회에서 낯설지 않은 개념이 되었다. 어느 정도 익숙해졌다는 사실이 가스라이팅으로 인한 피해를 대비하기 위한 차원에서는 다행이라는 생각도 든다.

사회생활을 처음 하던 2010년대 초반만 해도 가스라이팅이라는 단어는 생소했다. 심리학을 전공한 나조차 직접 겪기 전에는 나와는 무관한 이야기처럼 느껴졌다.

처음으로 '이게 가스라이팅인가?'라는 생각에 불이 켜신 때는 다니던 회사를 퇴사한 뒤였다. 다니던 회사를 그만두고 나서 몸과 마음을 추스르면서 비로소 그동안 겪었던 일이 무엇이었는지를 조금씩 파악했다. 퇴사 전 그 경험이 한창 진행 중일 때는 가스라이팅이라는 사실조차 인지하지 못했다. 그러다 퇴사 후 가스라이팅을 공부하면서 확실히 알게 되었다.

'맞구나. 그게 가스라이팅이었어. 그래서 내가 그 지경이 되었구나. 그래서 내가 내 생각대로 판단하지 못하고 나를 더 괴롭혔구나.'

그 경험을 2020년이 되어서야 글로 썼다. 10년이 흐르고 나서였다. 나는 그 글을 세상에 공개했다. 그리고 또 5년이 흘렀다. 2025년 5월 기준으로 그 글은 내가 써서 올린 176개의 글 중 조회수 1위를 기록 중이다.

제목은 '나르시시스트 직장 상사를 만났다면'으로 지었다. 부제는 '아랫사람을 질투, 시기, 폭언하는 상사로부터 탈출하는 심리적 방법'이다. 그 글을 쓸 당시 나는 가스라이팅을 주무기로 쓰는 나르시시스트를 공부하던 중이었다. 그래서 샌

디 호치키스의 책 《나르시시즘의 심리학》[3]을 인용해서 글을 썼다.

나르시시스트가 지배하는 직장, 그들보다 빛을 발하지 마라.

놀랍게도 내 글을 보고 많은 독자가 "내 얘기 같다"라며 공감의 메시지와 이메일을 보냈다. 나는 그냥 내 이야기를 쏟아 냈는데 그건 또 다른 누군가의 이야기이기도 했다. 생각보다 우리가 살아가는 사회에 만연한 현상이라는 실체를 확인하면서 위기감까지 들었다.

내가 썼던 글의 내용 중 일부는 다음과 같다.

(나르시시스트 상사는) 위압감을 주는 말을 하거나, 비하하는 말을 하거나, 내 뒷담화 혹은 헛소문을 퍼트리고 다니거나, 이유 없이 계속해서 꼬투리를 잡거나, 나를 은근히 소외시키거나(자신이 특히 예뻐하는 집단을 만들어서), 내 성격이 문제라고 지적한다.
그런데 가장 환장할 노릇은 조직 안의 다른 사람들은 그 사람이 그런 말과 행동을 하는 사람인지 모른다는 사실이다.

내 앞에서만, 나에게만 그런다. 그래서 교묘하게 느껴진다. 사람들은 모르니 더 억울하다. 저 사람이 그렇게 비인간적인 말과 행동으로 남을(특히 부하직원을) 괴롭히는 사람이라는 걸 아무도 모르는데 내가 나서서 폭로한다고 믿어줄 리 없고, 너무 답답하다.

'역시 이직이 답인가?' '내가 나가야 하나?'라는 생각이 들지만 또 억울하다. 나는 일이 좋은데 왜 저 사람 때문에 나가야 할까? 나르시시스트 때문에 포기하고 싶지 않다. 제발 저 인간이 나갔으면 좋겠다.

가스라이팅에서 벗어나는 효과적인 방법

지금도 여전히 누군가는 직장 상사나 가까운 사람에게 가스라이팅을 당하며 고통받고 있다. 모든 고통이 그렇듯, 이 또한 직접 겪어 본 사람만이 그 깊이를 안다. 지금, 이 순간, 만약 그런 관계 속에서 고통받고 있다면, 하루빨리 그 관계에서 탈출할 방법을 찾기를 권한다. 내가 이 글을 통해 강조하고 싶은 건 두 가지다.

첫째, 상대가 나에게 가스라이팅을 하기로 '결정'한 사람이라면, 내가 원한다고 정확한 소통이 이루어지지는 않는다.

'내가 더 노력하면 언젠가는 소통이 가능하지 않을까?'

가스라이팅 관계에 깊이 들어가 고통받는 사람들이 흔히 품는 생각이다. 그런데 단호히 말한다. 그 상황이 명백한 가스라이팅이라면, 그 안에서 내가 할 수 있는 최선은 다음과 같다. 바로 '소통에 대한 희망을 버리는 것'이다.

그것은 내가 아무리 원해도 될 일이 아니다. 혼자만의 의지로는 이룰 수 없는 영역이다. 그 이유는 바로 두 번째 메시지로 이어진다. 정확한 소통이란, 상대에게도 그럴 '의지'와 '능력'이 있어야만 비로소 가능하다. 그런데 가스라이터, 즉 가스라이팅을 하겠다는 사람에게는 그것이 없다. 그래서 불행하다.

많은 경우 가스라이팅이 벌어질 때 우리는 가스라이터와의 깊은 관계를 맺고 있다. 다시 말해, 그 관계 안에는 애정이나 연민, 그도 아니면 애증이 뒤엉켜 있다. 그래서 더 불행하다. '잘 지내고 싶은 마음'이 있는데, 아무리 애써도 잘 지낼 수 없다는 사실은 그 자체로 큰 고통이다.

　좋아하는 마음이 클수록, 좋은 관계를 바랐던 노력과 시간이 많을수록, 그 관계를 종료해야 할 때 느끼는 상실과 혼란은 클 수밖에 없다. 그 감정엔 충분한 애도가 필요하다. 그러기 위해선 먼저 나를 살려야 한다. 그 관계로부터 나를 꺼내야 한다. 그래야 내가 산다.

유독 내 말만
무시당하는 것 같다면

"이건 큰 일은 아닌데요. 아무래도 제가 예민한지 모르겠는데, 이상하게 어떤 친구가 유독 제 말만 그냥 지나쳐요. 다른 친구들 말엔 평소처럼 하나하나 반응하거든요? 예전엔 안 그랬는데 이런 지 며칠 됐어요. 저랑은 아무 일도 없었는데 왜 그런 걸까요? 계속 신경 쓰여요."

상담을 하다 보면 이런 이야기를 자주 듣는다. 잘 지내던 친구가 유독 나에게만 반응이 시큰둥할 때 '내가 뭘 잘못했나?'라는 생각이 든다. 직접 물어보기도 애매한 상황일 때가 많아 감정적으로 지치는 경우가 많다.

우리가 유튜브에 열광하는 이유

통계[4]를 보면 2023년 1월 기준으로, 한국인 스마트폰 사용자 약 5,120만 명 중 94퍼센트에 해당하는 4,790만 명이 카카오톡을 사용한다고 추정한다. 카카오톡은 한국에서만 유독 사랑받는 메신저이고 다른 나라에서는 왓츠앱, 페이스북 메신저, 텔레그램이나 라인 등 다양한 메신저 앱으로 소통한다.

하지만 2024년부터는 변화가 생겼다. 한국인 사용 1위 앱 자리를 지켜오던 카카오톡이 유튜브에게 1위를 내주며 2위로 내려온 것이다. 이 변화는 단순한 앱 사용의 순위를 넘어서 사람들이 어떻게 소통하는지, 혼자 있는 시간에 어떤 방식으로 지내길 선호하는지 보여 주는 중요한 단서가 된다.

카카오톡과 유튜브의 소통 방식은 본질적으로 다르다. 짧고 빠르게 소비되는 1분 안팎의 숏폼 영상의 인기가 높아지면서 유튜브 사용 시간이 국내 사용량 1위[5]를 탈환한 것이다. 유튜브를 사용하는 시간이 늘었다는 사실은 곧 지인과의 직접적인 소통량을 제쳤다는 의미로도 볼 수 있다.

유튜브 속 세상은 개인에게 맞춤화된 정보와 콘텐츠로 채워진다. 내가 원할 때 영상을 보고, 내가 원할 때 언제든지 시청을 멈출 수 있다. 이러한 통제 가능성이 주는 안정감과 편리함은 카카오톡 메신저에서의 소통과 확실히 다르다. 유튜브 안에서는 적어도 아는 사람들과의 공간 안에서 겪는 감정 소모나 피로감으로부터 자유롭다. 특히, 관계 속에서 상처받거나 소외감을 자주 느껴본 사람들에게는 더더욱 그렇다. 밀접한 관계에서 오는 스트레스, 소통의 피로감으로 지친 사람들에게 유튜브는 '혼자가 편해'라는, 현실에 최적화된 대안으로 자리 잡았다고도 볼 수 있다.

'혹시 나만 빼고 말하고 있는 거 아냐?'

이제는 2위이지만 여전히 사람들과의 소통 수단인 카카오톡은 단순한 메신저를 넘어섰다. 일상과 업무를 연결하는 소통이 빈번하게 이루어지는 곳이 되었다. '카카오톡이 없을 땐 어떻게 일했지?'라는 생각이 들 정도로 때로는 편리한 수단이 되었다.

우스갯소리로 "너 빼고 다른 단톡방 만든 거 아냐?"라는 말을 한다. 사실 이 말은 웃으며 넘길 일은 아니다. 들을 땐 농담으로 웃었을지 몰라도 실은 불쾌감과 불안이 번질 수 있다. 실제로 나만 빼고 방이 만들어졌다면 유쾌할 리 없다.

이를테면 이런 상황이다. 친한 다섯 명으로 구성된 단톡방이 어느 날부터인가 알람이 뜸하다는 느낌이 든다. 너무 자주 울려서 일할 땐 무음으로 해놓기도 했지만, 이상하다 싶어 살펴보니 그 안에서 나를 제외한 네 사람은 이미 서로의 소식을 주고받았다. 어느 순간부터 실제로 나는 그들로부터 소외된 사람이 되어 있었다. SNS를 통해 나만 빼고 그들끼리 올린 사진을 발견하곤 확신한다.

이런 일은 사적인 관계에서만 벌어지지 않는다. 업무 상황에서도 단톡방 배제는 흔하게 벌어진다.

경력직으로 이직한 남희 씨는 최근 당황스러운 일을 겪었다. 겉으로 보이기엔 다들 친절했는데, 실제 업무를 진행하다 보니 보이지 않는 장벽을 마주했다.

"프로젝트에서 중요한 업무를 맡게 되었어요. 분명 옆 팀과 협업하는 일이라고 들었고, 저도 그 메신저 단톡방에 초대되었죠. 그런데 회의를 하는데 이상하게 중요한 논의는 저만 빼고 다 아는 상황이 종종 보였어요. 제가 '그 내용은 처음 듣는다'라고 하면, 굉장히 미안해하면서 '아, 공유 안 됐어요?'라고 당황한 척하면서 얼버무리더라고요. 저한테 말한 줄 알았대요. 정말 어처구니가 없었죠."

남희 씨는 이런 일이 처음이 아니라고 했다. 사적으로도 돈독한 팀원들끼리는 공식적으로 합류한 자신을 반복해서 소외시켰다. 비공식적인 소통이 늘 '나만 빼고' 이루어지는 느낌을 받았다. 이상하다 싶어 질문을 남기면 몇 시간이 지나도 답이 없고, 전화를 해야 마지못해 응답이 왔다. 이런 일이 반복되다 보니 단톡방에 글 하나 쓰는 것도 위축되고 동시에 화가 났다.

온라인 공간에서의 소외감은 또 다른 형태의 스트레스다. 명백한 배제이며, 디지털 전쟁[6]으로도 표현될 만큼 누군가에게는 심각한 문제다.

타고난 민감성의 영역이 있다

통계적으로도 단톡방 스트레스는 많은 사람이 공감하는 일상적 고민이다. 하지만 그 스트레스 정도는 사람마다 다르다. 같은 상황을 겪더라도 누군가는 대수롭지 않게 넘기고, 또 다른 누군가는 깊이 상처받는다.

이는 지극히 주관적인 감정의 영역이며 민감함은 그 차이를 만들어 내는 중요한 요소다. 나 역시 그렇다. 스스로를 '초민감러'라고 부를 정도로, 민감하게 반응하는 영역이 참으로 많다. 일레인 아론이 《타인보다 더 민감한 사람》에서 처음으로 '타인보다 더 민감한 사람(HSP: Highly Sensitive Person)'이라는 개념을 명명해 준 덕분에, HSP에 해당하는 나로서는 머리가 상쾌해지는 기분이 들었다. 나 같은 사람이 개념화될 수 있다는 사실은 안도감을 주었다.

최근에는 한국에서도 HSP 개념이 알려지고, "나만 이렇게 민감한 줄 알았는데 내가 이상한 게 아니었네…"라면서 스스로를 이해하게 된 사람들이 많아져 반갑다는 반응이 나온다.

그렇다면 민감한 사람은 단톡방 스트레스에 어찌 대처하면 좋을까? 나의 경우 사람들이 모인 단톡방 자체가 스트레스라, 애초에 단톡방에 참여해야 하는 상황이라면 먼저 방장에게 양해를 구한다. 너무 반응이 없거나 말이 없으면 오해를 살까 봐 미리 내 스타일을 설명한다. 그렇게 말하고 나면 마음이 훨씬 더 가벼워진다.

"제가 참여하고 싶어서 단톡방에 들어오긴 했지만 자주 반응하기는 무리 같아요. 대화에는 자주는 아니지만 가끔 참여할 수 있을 거 같은데, 괜찮을까요?"

이렇게 나의 방식과 상태를 정중히 말하는 일은 민감한 나를 보호하는 동시에 상대와의 관계도 안전하게 잇는 방법이 된다.

사람에게 받은 상처가 '민감러'를 만든다

민감성이 타고난 기질 때문만은 아니다. 어릴 땐 그렇게까지 민감하지 않았던 사람이 어느 순간부터 스스로를 초민감러라고 느끼게 되는 경우도 많다. 이는 삶의 경험에 따라 후천적으로 민감성을 학습한 경우일 가능성이 크다. 이를테면 어린 시절의 따돌림 경험이나 언어를 포함한 각종 폭력 경험, 지속적인 무시나 조롱, 정서적으로 방치된 경험 모두 감정 회로에 깊이 각인된다.

특히 학교라는 환경은 우리가 유년기부터 성인 초반까지 가장 많은 시간을 보내는 공간이다. 그만큼 이곳에서 겪는 폭력 경험은 지우기 어렵다. 당사자부터 목격자였던 사람들까지 그 기억은 머릿속에 생생하게 남는다. 폭력은 단순한 사건이 아니라 감정이 각인되는 트라우마가 된다.

최근에는 초·중·고등학생을 넘어, 대학생 대상의 학교 폭력 사건에 대해서도 조사연구[7]가 실시되고 있다. 한 학교 폭력 당사자는 "넓은 대학교 안에서도 도움을 요청할 곳을 찾지 못해 휴학을 고민하고 있다"라며 고통을 토로했다. 중·고등학교 때는 전학이라도 가능했을지 모르지만, 대학은 전학도 퇴학도 휴학 권고도 없이 쭉 봐야 하니 큰 괴로움을 안고 살아가게 된다.

이렇게 폭력의 경험에 한 번이라도 노출된 사람에게 학교, 친구, 단톡방은 고통을 불러일으키는 환경이 된다. 이후 삶에서도 지속적으로 트라우마를 안고 살아간다.

사람으로부터 겪은 폭력은 쉬이 지워지지 않는다. 그래서 이후에도 사람을 향한 두려움이 재생산된다. 한 번이라도 그런 일을 겪은 사람은 타인의 말투, 눈빛, 무심한 태도 하나하나에 민감하게 반응한다. 자신을 보호해야 한다고 매 순간 느낄 정도로 긴장한 상태이기에 몸과 감정이 빠르게 반응한다.

'쟤가 나를 괴롭히려는 건 아닐까?'
'여기 나를 해할 사람이 있는 건 아닐까?'

이건 과민반응이 아니다. 한 번도 제대로 누군가에게 보호받지 못한 사람이, 자신을 지키기 위해 만든 자연스러운 방어기제이자 보호 본능이다. 오프라인에서든 온라인에서든 소통은 결국 사람끼리 하는 일이기에 사람에게 다친 경험이 있다면 그만큼 더 민감해질 수밖에 없다.

단톡방 속 작은 무반응 하나에도 '왜 내 말에만 아무도 대답을 안 하지?'라는 생각에 마음이 휘청거릴 때가 있다. 그럴 때 스스로에게 '왜 이렇게 작은 일로 예민하게 구는 걸까'라며 속이 상할 수도 있다. 그럴 수 있다. 그럴 땐 이렇게 말하자.

'충분히 그럴 수 있는 일이야.'

단톡방 스트레스는 나 이외에도 많은 사람이 겪는 일상적인 고민이다. 어느 순간 작은 단서를 가지고 머릿속에서 온갖 상상을 만들어 낸다면 그 지점에서 살짝 멈추자. 상상은 현실이 아니다. 상상의 나래를 멈추는 연습은 민감도를 조절하는 데 힘이 된다.

그리고 이렇게 스스로에게 말하자.

'일단 지금은 충분히 스트레스를 받을 만하다. 그렇지만 그 스트레스를 상상으로 키우는 일은 나를 위한 일이 아니다.'

나를 다독이는 편이 나에게 이롭다. 나만 '또' 민감해지는 게 아니라, 그 상황은 '그럴 만한' 상황이니 거기서부터 다시 시작하면 된다고 마음을 다잡자. 그것이 스스로를 돌보기 위해 필요한 진실이다.

뒤에서 내 이야기를
하는 것 같을 때

가끔은 세상이 나에게 그다지 친절하지 않게 느껴진다. 별일 아닌 일에도 자꾸 마음에 걸리고, 모든 사건이 나와 엮여 있는 것처럼 느껴지기도 한다. 평소 같으면 그냥 지나칠 일도 괜히 걸려 넘어진다.

'왜 나를 비웃는 거 같지?'
'왜 사람들은 다 나를 싫어하는 거 같지?'

그렇게 생각하기까지 분명 사정이 있다. 크지 않아 그냥 넘어갔을 스트레스들이 쌓였을 수도 있고, 그로 인해 해결되지 못한 감정이 남았을 수도 있다. 그런 감정들이 마음속에 켜켜이 쌓일 때, 우리는 자신도 모르게 모든 외부 사건을 자기와 연관시키는 인지적 왜곡에 빠진다.

'인지행동이론'에서는 이를 '개인화'에 빠졌다고 말한다. 타인의 말과 행동, 주변 상황을 지나치게 나와 연관해 해석하는 오류다. 예를 들어, 누군가 인사를 건네지 않았을 때, '저 사람이 오늘 기분이 안 좋은가?'라고 생각하지 않고, '저 사람이 나를 무시하나?'라고 받아들인다. 이처럼 개인화는 외부 사건의 원인을 습관적으로 '나'에게 돌리는 자동적 사고라서, 결과적으로 감정은 과도하게 반응하고 상처는 커진다.

혼자 모든 걸 판단할 때 감정이 폭발한다

개인화 오류에 빠지면 감정이 과열된다. 우영 씨와 재한 씨가 딱 이런 상황이었다.

함께 일한 지 일 년이 넘어가는 우영 씨와 재한 씨는 겉으로는 아무 문제가 없어 보이는 동료 사이다. 그런데 우영 씨는 늘 재한 씨를 답답해했다. 재한 씨가 무슨 말을 하는지 도통 이해되지 않아 그냥 웃고 넘기는 경우가 많았다. 재한 씨도 우영 씨를 별로 탐탁지 않게 생각하기는 마찬가지였다. 우영 씨를 그냥 다른 팀 동료 정도로 여길 뿐이었다.

둘 사이에는 입사 초기 몇 차례 껄끄러운 사건이 있었다. 바로 옆자리에 앉지만 서로 그 일을 꺼내지 않고 덮었고, 그 뒤로 앙금만 남은 채 시간만 흘렀다.

그러던 어느 날, 그냥 넘기기 어려운 일이 벌어졌다. 모두가 있는 회사 단톡방에서 재한 씨의 말투가 유난히 우영 씨에게만 차가웠다. 또, 같은 프로젝트를 하는 중 우영 씨가 재한 씨에게 질문을 남겼는데, 재한 씨는 답하지 않았다. 다른 사람들의 반응 또한 거슬렸다. 우영 씨는 왠지 그날부터 다른 사람들이 자신을 무시하는 분위기를 느꼈다. 그날 이후 우영 씨는 혼자 이런 생각에 빠졌다.

'왜 저런 말을 하지? 저 사람들 나를 무시하나?'

'저 사람들 나보다 재한 씨랑 훨씬 친하잖아. 그래서 나를 따돌리나?'

우영 씨는 상황 전체를 곧바로 자신에 관한 판단으로 연결시었다. 하지만 실제로 그 단톡방에 있던 동료들의 진짜 의도가 무엇이었는지는 아무도 모른다. 그럼에도 우영 씨의 마음속에서는 이미 '저 사람들은 나를 무시해. 재한 씨와 합세해서 나를 은근히 따돌리기로 한 거야'라는 결론이 났다.

외부 상황을 나와 즉각 연결시켜 섣부른 결론을 내릴 때 감정은 쉽게 과열된다. 불충분한 근거가 확신으로 굳어진 상태가 바로 인지적 유연성이 사라졌다는 근거다.

그럴 수도 있고, 아닐 수도 있다는 마음가짐

실제로 우영 씨의 생각처럼 그럴 수도 있다. 재한 씨와 가까운 몇몇 동료들이 속으로 껄끄럽게 느껴지던 우영 씨를 뒷담화했을 가능성도 완전히 배제하기는 어렵다. 회사 밖에서는 우영 씨도 재한 씨를 험담했기에 그렇게 이상한 일은 아니다.

그런데 여기서 중요한 사실은, '무엇이 진실인가?'보다 '내 감정이 어떻게 반응했는가?'이다. 우영 씨는 화가 났고, 그 감정을 감당하지 못해 결국 프로젝트에서 마음이 떠버렸다. 중요한 일을 제쳐둔 채 감정 조절에 실패했다. 우영 씨가 우선으로 해결해야 하는 문제다. 시간을 되돌릴 수 있다면 우영 씨가 다음과 같이 다르게 대처하기를 바란다.

첫째, 그럴 수도 있고, 아닐 수도 있다는 여지를 남기는 것이다. '저 사람들이 나를 무시한다'라는 단 하나의 결론만 내는 순간, 분노를 피할 수 없다. 분노가 오히려 자연스럽다. 그런데 분노할 경우 내 감정을 진화하는 작업까지 해야 하기에 훨씬 많은 에너지가 든다. 그럴 바엔 아예 처음부터 마음을 '분노가 덜 일어나는 쪽'으로 바꾸는 편이 이롭다. 마음의 절반쯤은 이렇게 채워 본다.

'나에게 하는 말이 아닐 수도 있다.'

이런 마음의 여지가 감정의 온도를 조절할 수 있는 시작점이 된다.

둘째, 여지를 남겼다면 그다음은 결정의 영역이다. 정말로 재한 씨가 다른 동료들과 단합해서 자신을 무시했다고 생각하면 재한 씨에게 직접 이야기하면 된다. 불편한 마음을 솔직하게 전달해도 되고, 무슨 일인지 오해를 풀어도 된다. 직접 대화하며 평소와 다른 느낌을 받은 상황의 진실을 확인해 본다. 그 다음엔 재한 씨와 대화로 풀어갈 일이다.

아니면 재한 씨 외에 단톡방에 있던 사람들에게 재한 씨와 합세해서 나를 은근히 따돌리기로 했냐며 물어보는 방법이다. 물론 이 과정은 매우 귀찮고 번거로우며 피하고 싶은 일이다. 그렇게까지 솔직할 신뢰 관계가 아니기 때문이다. 그럴 땐 다른 길을 택하면 된다. '딱히 확인하지 않아도 괜찮아. 아닐 수도 있잖아'라며 그냥 신경 끄는 쪽이다.

어느 쪽도 쉽고 간단한 길은 아니다. 그래도 결국 선택은 필요하다. 혼자 화를 삭이지 못한 채 마음에서 프로젝트를 놓는 일은 진정으로 '회피'를 택하는 길이다. 조금 더 성숙해지고 싶다면 회피 말고 다른 선택지에 나를 데려가는 태도, 조금 더 나은 길을 찾아보려는 자세가 나에게 이롭다. 회피해도 마음은 편치 않다는 사실을 우린 이미 알고 있다.

설령 정말로 재한 씨가 다른 사람들과 단합해서 우영 씨를 무시했다고 해도, 그건 우영 씨가 어찌할 수 없다.

누군가의 험담 대상이 된다는 사실은 분명 불쾌한 일이다. 그 상황에서 아무렇지 않게 넘기라고 권하기 어렵다. 하지만 나에게 조금 더 이로운 선택을 하자. 사람들의 눈빛 하나하나를 나와 연관 지어 해석하지 말자. 섣부른 결론을 내리기보다는 앞서 말한 여러 선택을 고려해 보자. 선택은 전적으로 내 권한이다.

'잠시 멈춤' 버튼 사용법

감정을 다루기 어려운 사람들은 종종 힘든 감정이 바로 사라지길 바란다. 그 바람 속에는 아슬아슬한 불안정함과 폭발하고 싶은 강렬한 충동도 함께 따라온다. 타고난 충동성 기질이 여기에 기름을 붓기도 한다. 그래서 감정을 터트린 뒤에는 늘 같은 후회를 한다.

'참을 걸….'

그런데 이런 대응도 습관이 된다. 힘든 감정이 올라오면 곧 바로 터뜨리는 방식이 하나의 공식처럼 굳어지기 때문이다. 폭발 이외에는 달리할 줄 아는 게 없어서 결국 또 같은 방식을 반복한다.

'잠시 멈춤 카드'를 사용해야 할 때

나는 상담할 때마다 비슷한 고민을 지닌 내담자들에게 작은 카드를 만들기를 권한다.

'잠시 멈춤!'

멈춤 버튼이 써 있는 작은 카드다. 지갑이나 휴대폰에 넣어서 다니거나, 책상이나 침대 곁에 잘 보이는 데 붙여 두고 감정이 폭발하기 직전에 그 카드를 자신에게 보여 주는 방식이다.
지금 이 감정을 터뜨리면 어차피 또 후회할 테니 이미 여러 번 겪은 결과를, 시각적으로 환기하는 거다. 이미 많이 반복한 일이라 카드를 보는 즉시 인지할 수 있다. 그렇게 내 감정을 잠시 멈추는 연습을 시작하자.

이 방법은 심리학에서 말하는 '억제(Suppression)'라는 성숙한 방어기제와도 닮아 있다. 억제란 불편한 감정이나 생각이 들 때 의식적으로 그것을 누르고 나중으로 미루는 방법이다. 감정 회피와는 다르다.

'지금은 내가 이 감정을 다룰 여유가 없으니, 잠시 누르자.'

현재 감정을 분명히 인지하고 자발적으로 눌렀다는 자각을 동시에 한다. '이 감정은 나중에, 내가 여유가 될 때 다시 꺼내서 볼 거야. 지금은 아니야'라고 스스로에게 말하는 접근이다.

감정을 느낀다고 바로바로 해소하면서 살기 어렵다. 만약 지금 감정을 들여다볼 마음의 여유가 있다면 바로 살펴봐도 된다. 하지만 그렇지 않을 땐 잠시 누르는 선택지가 있다. 지금 이 자리에서 내가 하기로 한 일을 위해 잠시 양보하는 것이다. 감정을 없애려 노력하지 않고 적절한 때까지 묻는 능력, 바로 '억제 조절 능력'이라는 자기 조절의 기술이다.

엄숙한 회의 중에 갑자기 웃음이 터질 듯한 순간을 떠올려 보자. 그 웃음을 참고 회의가 끝난 뒤에야 비로소 마음껏 웃을 줄 아는 것도 억제 조절 능력이다. 꼭 힘든 감정만 억제하지 않는다. 상황에 어울리지 않는다고 판단되는 감정은 꺼내도 적절한 맥락에 도착할 때까지 미뤄야 한다.

'지금 꺼내기엔 안전하지 않아. 나중에 더 적절한 상황에 꺼내 보자'라고 스스로 판단하고 선택하는 것, 그것이 내 감정을 조절하는 일이다. 감정을 무시하거나 회피하는 차원과는 다르다. 오히려 현재의 맥락에서 내 감정의 적절성을 또렷이 판단하는 일이기 때문에 내 감정을 정확히 아는 편에 가깝다. 아주 이성적이고 성숙한 방식으로, 감정과 이성 사이에서 잠시 숨 쉴 공간을 마련하는 기술이다.

감정을 말로
쏟아 내면 안 되는 이유

누군가와 함께 있는 상황에서 감정이 올라오는 순간을 만났다면 더욱 조심해야 한다. 다행히 그때 '잠시 멈춤' 카드가 떠올라 '멈춰야겠다'라고 판단했다면 가장 먼저 '말'을 멈춘다. 그 순간 스스로에게 이렇게 생각하자.

'지금은 잠시 멈춰야 해.'

천천히 숨을 한번 쉬어 보자. 그리고 이 말도 마음속으로 되뇌어 보자.

'지금은 말을 꺼낼 때가 아니야.'

많은 사람들이 감정이 폭발하는 순간, 말로 그 감정을 쏟아낸다. 하지만 그런 말은 대부분 후회를 남긴다. 심할 경우 그 말로 관계가 종료되기도 한다.

감정을 꺼낸다는 뜻은 말로 감정을 던지는 행위이기도 하다. 그 말은 되돌릴 수 없음을 우리는 너무도 잘 안다. '잠시 멈춤'을 연습하기로 결정했다면 무언가를 바로 꺼내려는 충동부터 잠재워야 한다. 그 순간을 감정 정돈의 시간으로 삼자.

내 앞에 있는 사람이 소중한 관계라면 더욱 그렇다. 감정을 던지는 대신 내 감정부터 먼저 정돈한다. 그렇게 마음을 가다듬고 나면 비로소 내가 진짜 하고 싶은 말이 무엇인지, 내 의도가 무엇인지 정확히 보인다. 내 감정을 스스로 보호할 수 있을 때, 소중한 관계도 지킬 수 있다. 그러기 위해선 감정이 폭발하려는 순간 잠시 멈춰 스스로에게 차분히 말하는 시간을 충분히 가지길 권한다.

술에 취해 울고 싶지 않다면 알아야 할 것

 살다 보면 차마 해소하지 못한 감정이 생긴다. 누구에게나 그런 감정이 있다. '언제나 오지만 결코 도착하지 않는 것'이라는 수수께끼의 정답처럼, 우리는 늘 도달하지 못할 미래에 쫓기며 매일을 살아간다. 순간의 감정을 제대로 들여다보고 해결하면서 오늘을 보내기란 쉬운 일이 아니다.

 매일 쌓이는 미처 해소되지 않은 감정은 어찌 보면 휴지통처럼 언젠간 한 번 비우면 될 작은 일일 수도 있다. 문제는 무의식 깊숙이 밀어넣은 감정이다. 의식적으로는 인정하기 싫고, 용납되지도, 받아들이기도 버거운 욕망과 욕구들이다. 의도적으로 인식하지 않은 감정들은 더욱 정성을 들여 흘려보내야 한다.

내 감정은
내가 책임져야 한다

 심리학에서 말하는 '억압'은 바로 이런 감정을 무의식 속으로 밀어넣는 방식을 말한다. 억압은 나를 보호하기 위해 일어나는 일이다. 감추고 싶은 감정들은 억압의 방으로 보내진다. 그래서 평소엔 멀쩡해 보이지만 생각보다 깊은 분노, 미움, 슬픔이 숨어 있는 경우가 많다.
 가령 술기운에 터져 나오는 눈물과 울분은 바로 그 억압의 방에서 나온 감정들이다. 맨정신으로는 도저히 꺼내기 어려운 감정들이 술이 잔뜩 취해 바깥세상으로 나온다. 어느 날은 몸의 통증으로, 또 어느 날은 예상치 못한 감정 폭발로 존재를 드러내기도 한다. 기분이 이유 없이 가라앉거나 괜히 어떤 사람이 거슬리는 등의 형태로 드러나기도 한다.
 마음의 힘을 길러가는 중이라면 우선 그 억압된 감정의 존재부터 인정하자. '억압된 감정을 어떻게 흘려보내야 하는가?'

라는 질문을 던지는 것은 과거보다 한층 성장한 내가 '지금의 나'로서 그 감정들을 마주할 준비다. 이미 용기를 내기 시작했다는 증거다.

  가끔은 감정도 쏟아 내야 해결된다. 억지로 참기보다는 적절히 쏟아 내는 편이 마음을 정리하는 데 훨씬 도움이 된다. 단, 적절히 쏟아 내자. 그래야 내 마음도 정리되고, 그 이후도 깔끔하다.

  이 지점에서 많은 사람들이 자주 하는 실수가 나타난다. 편하다는 이유로, 아무 때나 아무렇지 않게 다른 사람에게 내 감정을 쏟아 내는 것이다. 그 사람이 지금 바쁜지 아닌지는 안중에 없다. 이런 일이 반복되다 보면 메시지를 받은 사람은 틈이 날 때 50여 개의 쌓인 메시지를 보며 깊은 한숨을 쉰다.

'이번엔 또 무슨 일이 있었던 걸까….'

그래도 아끼는 마음에 걱정스러워하며 메시지를 읽으면, 또 비슷한 일이다. 적당히 위로의 답장을 보내고, 이번에는 알림을 무음 처리해 버리고 다시 본인의 할 일로 돌아간다.

  이런 관계는 생각보다 많다. 특히 친하다고 생각되는 사이에서 반복되는 경우가 흔하다. 한 사람은 늘 감정을 쏟아 내고, 다른 한 사람을 늘 그것을 듣는다. 만약 고민을 주고받는 사이거나 서로가 이러한 관계에 동의했다면 괜찮다. 하지만 한쪽은 감정을 쏟고 다른 한쪽은 늘 받아 주는 고정된 구도라면, 그 관계는 오래 유지되기 어렵다. 받아 주는 쪽이 어느 순간 '감정 쓰레기통'이 된 느낌을 받기 때문이다.

그런데 또 다른 중요한 이유가 있다. 감정을 타인에게 쏟는 방식으로만 힘든 감정을 해소하는 사람은 자신의 감정을 스스로 다루는 법을 영원히 터득하지 못한다. 감정을 풀려면 들어줄 사람이 필요한데, 그 누군가는 점점 희귀해진다. 상대방의 시간을 내가 영원히 쓸 수는 없다. 적절한 방법으로 혼자서 감정을 쏟아 낼 통로를 마련해야 한다. 감정을 흘려보낼 방법을 가진 사람이 감정 관리에 유능해진다.

감정을 해소하는
나만의 방법 만들기

나는 감정을 쏟아 낼 통로로 글쓰기를 택했다. 오랜 시간을 들여 터득한 방법이다. 어느 순간부터 글을 쓰다 보면 감정과 마음이 조금씩 정리되는 경험을 자주 하게 되었다. 이제는 익숙한 습관으로 자리 잡았다.

　예전에는 감정을 직접 마주하기 어려웠다. 그럴 땐 책을 찾았다. 꽤 오래된 습관이다. 10대에는 소설로 도망쳤다. 상상의 세계에 내 감정을 묻어 버리는 방식이었다. 20대엔 에세이에 기댔다. 세상 어딘가에 실존하는 타인의 삶에 내 감정을 포갰다. 내가 끌렸던 책의 저자들도 나처럼 불행했다. 나만 그런 게 아니라는 사실에 안도했다. 음악도, 맛있는 음식도 비슷한 원리로 나를 도왔다. 잠시 동안 나를 붙들어 주었다.

　강렬한 연애도 마찬가지였다. 사람에게 도망가는 일도 일시적으로는 큰 위로가 되었다. 그런데 결국엔 제자리로 돌아왔다. 감정은 어디로도 가지 않고 내 안에 있었다. 감정은 내가 직접 마주해야만 할 내 것이었다.

　글로, 말로, 천천히 되는 만큼 꺼내 보며 감정을 정면으로 바라보았다. 그러면서 알게 되었다. 시간이 지나도 살아 있는 감정에는 다 이유가 있었다.

　마음이 유독 건드려지는 지점이 있다면 그곳이 시작점이다. 그것이 예전 어느 감정과 맞닿았는지 따라 가다 보면, 그때의 나를 만나게 된다. 지금의 나의 눈으로 그 감정이 어떻게 보이는지 들여다보면 된다.

'아, 그때 내가 그랬구나.'

내가 내 감정을 알아주는 일이 가능해진다. 그렇게 감정은 하나씩 소화된다. 소화된 감정은 더 이상 숨을 필요가 없다. 감정이 자유로워질 때 나도 더 자유로워진다.

기분이
태도가 되지 않으려면

    어느 햇살 좋은 일요일 아침, 카페에서 일어난 일이다. 한 고객이 갑자기 소리를 높이며 직원에게 왜 자신을 계속 쳐다보냐며 따졌다. 직원은 당황스러운 목소리로 연신 사과를 했다. 고객은 왜 소리를 질렀을까?

    자신의 감정을 정확하게 인식하는 능력 자체는 중요하다. 감정을 왜곡하거나 회피하거나 억누르지 않는 일은 모두가 할 수 있는 일이 아니다. 자신의 감정만을 우선시하다 보면 타인에게 피해를 준다. 감정에 따라 기분대로 행동하면 위험한 이유다. 위 사례에서 고객은 자신의 감정을 즉각적으로 인식했다. 자신이 바라는 바도 명확하게 인식했다.

- 자기 감정 인식: 내가 '당신' 때문에 '화'가 났다.
- 자기 욕구 인식: 지금 당장 나에게 '사과'하길 바란다.

고객은 직원의 눈빛이 기분 나빴고 사과를 요청했다. 그런데 그 감정을 전달하는 말과 행동의 방식은 어떠했는가? 고객의 말과 행동은 어떠한 태도에서 출발했을까? 이 사람의 표현은 상대방에게 어떻게 닿았을까? 관계의 맥락 안에서 다시 생각해 볼 일이다.

정서 지능이 높은 사람이 되자

감정에 따라 행동하기 전에 몇 가지 고려해야 할 측면이 있다. 생각, 말, 행동이다. 이들은 모두 다른 차원에서 일어난다. 앞서 소개한 고객처럼 화가 났다고 해서 곧장 상대방에게 화를 내서는 안 된다. 내가 처한 맥락을 고려한다면 슬프다고 어디서든 울 수도 없다.

'기분이 태도가 되지 않게'라는 말이 왜 많은 사람들의 공감을 받았을까? 그러면 안 된다는 것을 알지만, 정신을 차리기도 전에 기분은 표정이 되고, 말투가 되며, 행동으로 이어진다.

감정으로 인한 결과를 설명하는 심리학 개념에는 '정서 지능'이 있다. 정서 지능이란 자기 감정뿐만 아니라 타인의 감정에도 주의를 기울이고, 그 감정을 이해하며, 상황에 맞게 활용하고 조절하는 능력을 말한다.[8] 즉, 인간의 정서 처리 능력을 하나의 '지능'으로 본다는 뜻이다.

정서 지능은 단일 능력이 아니라 여러 능력이 복합적으로 작용한다. 이를 구성하는 요소들은 우리의 일상적인 관계 속에서 자연스럽게 드러나며, 그 깊이와 폭이 생각보다 넓다. 예를 들어, 정서 지능이 높은 사람은 자신의 감정을 잘 알아차릴 능력을 갖췄다고 본다. '내가 지금 어떤 기분인지', '무엇 때문에 기분이 이런지'를 인식하고 설명할 줄 안다.

정서 지능이 높은 사람은 동시에 타인의 감정을 잘 읽는 사람이기도 하다. 함께하는 사람의 표정이나 말투, 분위기의 미묘한 변화를 감지하면서 상대방의 감정을 알아차린다. 맥락을 파악하는 능력이 연결되는 것이다. 이것은 단순히 눈치를 보는 일과는 다른, 종합적이고 인지적인 사고 과정이다.

정서 지능에는 '감정을 적절하게 표현하는 능력'도 포함된다. 평소에 느끼는 감정을 말이나 글로 풀어내는 데 능숙하다. '어려운 상황에 있는 사람을 발견했을 때 도움을 주고 싶다'라는 감정 이입을 잘하는 능력도 정서 지능에서 나온다. 스스로의 불안과 걱정을 다룰 줄 아는 능력과 더불어, 힘든 상황에서 스스로를 격려하거나 위기 상황에서 대응 전략을 생각하는 등 정서를 활용하는 힘도 포함한다.

마지막으로 정서 지능이 높은 사람은 다른 사람과 상호작용을 편안하게 할 줄 안다. 처음 만난 사람과도 편안한 대화를 나누거나 친구들과 즐거운 상호작용을 하는 능력을 심리학에서는 정서 지능의 한 부분으로 본다. 이는 타고난 기질, 예를 들어 낯선 상황에서 수줍음을 느끼는 성향도 영향을 주지만, 후천적으로 발전시킬 수 있는 대인관계 기술 역시 크게 작용한다.

특히 주목할 점은 자기 인식과 타인 인식의 균형이다. 정서 지능은 '자율성'과 '연대감'을 모두 아우르는 능력이다. 자신의 감정을 정확하게 인식하고 활용하는 자율성과 타인의 감정을 읽어 상대의 상태에 맞게 반응하는 연대감이 균형을 이룰 때, 비로소 우리는 감정 속에서 건강한 관계를 만들어 나간다.

현실적으로 이 모든 능력을 한 사람이 고루 갖추기란 쉽지 않다. 내가 상대적으로 어떤 부분에 강하고, 어떤 부분은 좀 더 개발이 필요한지 자각만 해도 삶에 중요한 차이를 만든다.

감정, 생각, 말, 행동의 흐름이 관계를 만든다

흔히 이렇게 감정과 생각, 말, 행동을 일방향 관계(감정 → 생각 → 말 → 행동)로 생각한다. 하지만 실제로 행동이 다시 감정에 영향을 미치기도 한다.

타인의 정서에 대한 나의 생각은 말로 표현된다. 동시에 말은 생각을 만든다. 서로 양방향 관계다. 상대방에게 어떤 방식으로 말을 건네는지가 결국 나의 생각에도 영향을 미친다는 점을 기억해야 한다. 거기까지 생각해야 나의 감정이 타인에게 피해가 되는 일을 막는다. 기분에 대한 사고능력은 다른 차원의 일이다. 기분대로 말을 내뱉어서는 안 되는 중요한 이유다.

앞서 카페 사례로 돌아가 보면 그 고객은 직원의 행동이나 눈빛, 말로 인해 기분이 상했다. 그것은 실제 그 고객의 내면에서 일어난 일이 맞다. 하지만 화내는 행동을 하면 화만 더 난다.

고객의 반응이 카페 직원에게만 나왔을 가능성은 희박하다. 기분이 곧 태도와 섞여 타인에게 쏟아 내는 방식은 그 사람의 내면을 정확히 반영한다. 그 고객은 집이나 회사처럼 다른 곳에서도 그와 유사한 모습을 보일 것이다. 물론 일면식이 없는 곳에서 갑질하는 방식처럼 표출되지는 않더라도 어떠한 방식으로든 자신의 기분대로 행동하려는 태도는 묻어나오기 마련이다. 타인과 맥락을 파악하는 능력을 기르지 않는다면 계속 반복될 일이다.

심리학이나 심리 상담이 업이라고 하면 사람들은 나에게 종종 이렇게 묻는다.

"지금 제 생각이 보이나요?"

예전에는 안 보인다고 말했지만 요즘은 이렇게 답한다.

"당신의 행동이 보이죠."

일관된 행동 패턴을 자주 보면 그 사람을 어느 정도 파악할 수 있다. 행동은 그 사람이 지닌 일관된 태도를 반영한다. 그리고 그 태도는 감정과 함께 흘러나온다.

'평소 나는 타인에 대해 어떠한 태도를 지니고 있나?'
'내 기분이 나쁘면 함부로 말해도 될까?'
'어디서든 내 기분이 우선일까?'
'가까운 관계라면 무슨 말이든 해도 될까?'

이러한 질문들을 나에게 해야 한다. 그러한 태도를 기반으로 말이 나오고 행동이 나온다. 평소의 태도와 감정, 말과 행동을 정렬시키는 데 익숙해질 때, 우리가 소중히 여기는 관계에서 상대의 감정을 지키는 태도가 나온다.

감정은 과거를 기억한다

2018년 오늘 날짜의 블로그 글을 보니 그날의 나는 집에 돌아와 펑펑 울었다고 적혀 있다. 그런 나를 남편은 꼭 안아주었고, 그 품 안에서만큼은 마음 놓고 울었다고 했다. 왜 그랬을까? 왜 집에 와서야 눈물이 터졌던 걸까?

그 글은 내 몸이 더 버틸 힘이 없다고 말해 주고 있었다. 모든 힘을 쓰다 보니 돌보지 못했던 내 감정들이 바로 그날 터져나왔던 것이다. 그날로부터 두 달 뒤, 나는 암 진단을 받았다. 그때쯤의 나는 매우 자주 극단적으로 무너졌고, 매일 같은 일을 처내느라 정신이 나가 있었다. 나를 돌보지 못하자 몸이 망가졌고 마음은 그걸 알아챘다.

예상치 못한 퇴사 후 얼마 되지 않은 시점에 나는 마치 다 타 버린 산 같았다. 그런데 바로 그 안에서 작은 희망을 길어 올렸다. "나무를 심으면 된다"라고 말이다. 그때 그 생각이 없었다면 두 달 뒤에 마주한 암 진단도 견디기 어려웠을 거다.

마음속 두려움을 읽는 기술

수많은 두려움이 일상 곳곳에서 우리에게 말을 건다. 기질적으로 불안을 자주 감지하는 사람뿐만 아니라, 지금처럼 그 어느 때보다도 불확실한 세상에 살아가는 우리 모두가 대체로 그렇다. 두렵지 않은 게 이상하게 느껴질 정도다. 이럴 때일수록 내 감정에 집중하는 시간이 필요하다.

예를 들어 불안을 느낀다고 해서 나 자신을 불안한 사람으로 규정할 필요는 없다. '나는 지금 불안을 겪는 중이야'라고 현재 감정에 집중해 보자. 만약 버림받을까 봐 두려워 상대방에게 먼저 등을 돌린 적이 있다면, 그 안에 숨어 있는 '버림받을까 봐 두려운 마음'을 마주해야 한다.

불안 뒤에는 우울이 지쳤다며 고개를 들 때는 감정을 직면하게 해 주는 무언가가 필요하다. 나는 음악을 듣는다. 우울을 피하기보다는 그 우울을 정확히 읽어 주는 노래를 찾아 듣는다. 누군가에겐 그저 그런 우중충한 이별 노래일지 몰라도 나에겐 내가 느끼는 우울, 더 깊은 마음에 자리 잡은 슬픔을 꽤 정확히 읽어 주는 노래들이다. 그 음악을 듣다 보면 어느새 마음이 진정된다.

문득 예전의 내가 생각날 땐 그 시절의 음악을 찾아서 듣는다. 그때 곁에 있던 사람들은 대부분 지금은 없다. 흘러간 그들을 그리며 음악에 잠시 빠져들기도 한다.

'그때 우린 그랬어.'
'아직 기억이 나. 그때 네가 그런 말을 했지.'
'난 그때 그런 표정을 지었어.'

생각나는 사람이 한둘이 아니다. 그렇게 과거의 나와 과거의 그들에게 말을 건다. 나만 아는 세계 속에서 그 기억은 여전히 살아 있음을 느낀다. 물론 이 기억들도 언젠간 희미해질 거다. 다만 아직 감정이 남아 있기에 여전히 기억하며 곱씹는다. 그때의 감정들은 나에게 뚜렷한 존재감을 남겼다.

어쩌면 오십쯤 되었을 때는 그 시절이 남긴 감정이 흔적 없이 사라질지도 모른다. 그때를 위해서 이 감정을 잠시 붙들고 싶은 마음이 들기도 한다. 그만한 애착이 있다는 뜻일 것이다. 과거의 내 감정에게 인사를 건네자. 그 사이에도 시간은 계속 흘러간다.

지금의 내 모습은 얼마 뒤 과거가 된다. 한 시간 전에 집을 나오며 강아지에게 "엄마, 일하고 올게. 자고 있어"라고 말하면 서운해하는 눈빛도 과거가 되었다. 그때 우리가 나눈 포근한 감정을 곱씹으며, 최대한 오래 간직할 수 있기를 바란다. 그건 사랑이라는 가치를 중시하는 내 욕구가 만든 감정이자 행동이다.

내 안에서 만들어진 감정은 언제나 이유가 있으며, 그 감정들이 우리의 말을 만들고 행동을 만들어 관계를 만드는 데 기여해 왔다. 앞으로의 나는 그 감정과 대화하고, 감정을 다루어 가며 말과 행동을 조율할 예정이다.

감정이 말하는 메시지를 정확히 들을 줄 아는 우리는 결국 감정이 원하는 바대로 말하고 행동하며, 다시 감정에게 이렇게 말한다. 이제 안전하다고, 무슨 말인지 알아들었고, 그대로 행동했다고 말이다. 그렇게 내 감정을 스스로 달래며 나아간다.

3장

"좋은 사람이 되고 싶다고 감정을 다그치지 마세요"

관계 속 감정을 다루는 법

🖤 🖤 🖤

가족인데
왜 상처를 줄까

시현 씨와의 얘기는 늘 한 단어로 귀결됐다.

'엄마.'

지금 하는 일이 잘 안 풀린다고 이야기하다가도 어린 시절 엄마와의 사건으로 흘러갔다. 애인과의 고민을 이야기하다가도 어느새 엄마가 했던 말을 떠올렸다. 이런 일이 반복되자 시현 씨는 어느 순간 겸연쩍은 웃음을 지으며 말했다.

"또 엄마가 등장하네요."

그만큼 엄마가 시현 씨에게 중요한 인물이다. 아직 다 풀리지 않고 더 이야기해야 할 사람이라 계속해서 현재 삶에서 다양하게 되살아난다.

가족에게 받은 상처를
소화하지 못했을 때

우리 모두에게는 깊은 자취를 남긴 사람 혹은 내가 어떠한 사람인지 이해하는 데 중요한 실마리를 쥔 사람이 한 명쯤 있다. 그 사람이 누구인지 스스로에게 물어보는 시간은 나를 더 알아가는 데 도움이 된다. 아마 대부분 가장 가까워야 할 사이의 인물을 말할 테다. 그 사람은 나에게 중요한 역할을 해 왔을 가능성이 크다.

가족처럼 세상에 태어나 최초로 맺은 관계일수록, 그만큼 곁에서 상처를 주고받았을 가능성도 높을 수밖에 없다. 누군가에겐 그 인물이 엄마일 수도, 또 다른 누군가에겐 아빠일 수도 있다. 애증의 형제자매이기도 하고, 어린 시절 함께 살았던 할머니, 할아버지, 고모, 이모일 수도 있다.

그 시절의 감정이 제대로 소화되지 않은 채 성장하는 경우가 대부분이기에, 성인이 되어서는 비슷한 감정을 유발하는 인물을 보면 과거부터 이미 존재하는 상처가 맞물려 건드려진다. 괜히 거슬리고, 신경 쓰이며, 밉기까지 하다.

하연 씨에게 유독 거슬리는 인물은 고모였다. 어린 시절 할머니와 고모와 함께 살면서 고모는 부모님보다 더 자주 하연 씨를 챙기고 간섭했다. "넌 피부가 왜 그렇게 안 좋니? 뭐 좀 발라라"라는 말부터 시작해서, 오늘 학교에서 뭘 배웠는지, 시험 성적은 몇 점이 나왔는지까지 하나하나 확인했다. 초등학교에 입학하던 해부터 그랬다.

하연 씨는 어른의 말이니까 당연히 대답해야 한다고 생각했다. 게다가 친척이고, 나를 애정해서 하는 잔소리라 여겼다. 성인이 되어 취업하는 순간까지도 고모의 잔소리를 당연하게 감내하며 살았다. 함께 살지 않아도 고모는 여전히 자주 연락했고, 집에 찾아와서 잔소리를 했다.

그런데 어느 순간부터 거부감이 들었다. 고모의 이름이 휴대폰 화면에 뜨면 한숨부터 나왔다. 귀찮고 받기 싫었지만 받았다. '어른이니까, 고모니까' 나를 아끼는 사람의 전화를 피하면 내가 나쁜 사람 같아서 내키지 않았지만 전화를 받았다.
그러면서 속으로 이런 생각을 했다.

'내가 좋은 자식이어야 그나마 엄마가 고모랑 사이가 좀 나아지겠지.'

하연 씨는 그렇게 엄마를 지키기 위해 귀찮고 번거로운 고모의 간섭을 참아냈다. 벌써 20년이 흘렀다. 이제는 진절머리가 날 지경이다. 만나는 애인에 대해서도 간섭이 시작됐다. 고모에게 그렇게 참고 맞췄는데 엄마와 고모와의 갈등은 더 커졌다. 하연 씨는 '이런 상황에서 내가 왜 고모의 말을 들어야 하지?'라는 의문이 들기 시작했다.

엄마도 고모 못지않게 잔소리를 했다. 엄마의 잔소리 또한 듣기 좋을 리 없었다. 엄마라서 더 가까운 존재라 생각했기에 더 쉽게 반항하기도 했다. 엄마에게 나름의 반격을 하고 괜히 비뚤어지기도 했다. 그런데도 돌아서면 엄마가 마음에 걸렸다. '엄마 말처럼 내가 정말 제대로 못 살고 있는 걸까?'라며 자신을 의심했다. '나름대로 최선을 다해 살고 있는데…'라고 생각하면서도 동시에 '혹시 엄마 말처럼 내 인생이 실패한 건 아닐까?'라는 생각에 휩싸여 혼란스러웠다.

특히 엄마가 하연 씨에게 "너 그렇게 살면 큰일 나"라고 말하는 날엔 마치 세상이 무너지는 듯했다. 실패자라는 느낌에 사로잡혀 괴로웠다. 그럴수록 엄마가 원망스러웠다. 애써 일궈온 삶을 알아주지 않는 엄마, 그 누구보다 내 편이 되길 바랐던 사람의 목소리로부터 들려온 비난이 가장 아팠다.

그에 비해 동생은 엄마의 잔소리로부터 한결 자유로운 삶을 살았다. 하연 씨는 처음엔 엄마가 애초에 동생에게 기대하지 않아서 그렇다고 생각하며 자신을 위로했다. 그런데 서른까지 살아 보니 동생은 오히려 자신만의 삶을 잘 살아내는 듯 보였다. 엄마의 간섭으로부터 자유로운 동생이 부러웠다. 상처로 아픈 마음이 자책이란 괴로움으로 끝났다.

가족이니까 더 아프고
더 오래 남는다

나는 하연 씨처럼 가장 가까운 관계에서 상처를 받은 사람들을 자주 마주한다. 나 역시 가족이라는 관계 안에서 아픔을 겪으며 살아봤다. 가족이니까 더 가까워야 하고, 함께해야 한다고 기대한 시간이 길었다. 하지만 '가족이니까 당연히 그래야 한다'라는 절대 명제 또는 신념이 오히려 현실을 받아들이는 데 큰 걸림돌이 되었다.

'가족인데 왜 서로에게 막말해?'
'가족인데 왜 서로 인상을 찌푸려?'
'가족인데 왜 더 상처를 줘?'

우리는 살면서 가족이라서 더 상처받고, 더 크게 실망하는 마음을 많이 만난다. 그럴수록 '가족이란 무엇인가?'에 대한 정의부터 새로 만들어야 한다. 그러면 관계가 조금은 쉬워진다. "가족이라면 반드시 이래야 한다"라는 절대 명제(예: 그래도 내가 좋은 자식이어야 그나마 엄마가 고모랑 사이가 좀 나아지겠지)를 잠시 내려놓고, 사람 대 사람으로 바라보면 조금은 마음이 쉬워진다. 기대감 자체에 변화가 생기기 때문이다.

단, 그 관계 속의 모든 사람, 즉 서로가 그렇게 바라볼 수 있어야 가능한 일이다. 하지만 그렇지 않더라도 내 자신만큼은 조금 더 안전해질 수 있다. 가족이라는 이름 안에서 거리감을 조절할 수 있는 감각이 생기면, 스스로를 지키면서도 관계 안에 머물 수 있는 공간을 만드는 방법을 찾는다.

가까울수록 더 큰 상처가 오가는 관계가 가족이다. 그렇기에 그 안에서 내 감정에 더 귀 기울여야 한다. 가족이라서 더 아플 수 있다는 사실을 먼저 인정하자. 그래야 소중히 여기는 사람과 더 선명하게, 더 건강하게 연결될 수 있다. 우선 내 감정이 안전하다고 느껴야 비로소 상대와의 관계에도 여유가 생긴다. 관계를 지키기 위해선 내 감정을 지키는 일이 먼저다.

'친한 사이'에 집착하지 않기

수린 씨는 늘 그랬다. 분명 친한 사람인데 그 사람 앞에 서면 마음이 위축되는 것 같고, 스스로가 작아지는 느낌을 받았다.

'다가가고 싶은데, 괜히 불편해질까 봐 다가가기 어려워.'

그러는 자신이 마음에 들지 않는 날도 많았다.

'이상하다. 이 정도면 친한데 난 왜 이렇게 신경 쓸까?'

그럴 때마다 자신감은 줄어들고 스스로가 못마땅해졌다. 상대방에게 더 다가가지 못하고 답답해하는 자신이 마음에 들지 않았다.

'친한 사람인데도 이렇게 주저하는 나, 이상한 걸까?'

이 감정은 다시 자신에 대한 의심으로 이어졌고, 결국 상대에게 선뜻 다가가지 못하도록 브레이크를 걸게 했다.

정말 친하니까 생기는 감정일까?

누군가는 좋은 사람을 만나면 스스럼없이 다가간다. 하지만 누군가는 수린 씨처럼 쉽게 다가가지 못한다. 여기에는 사람마다 지닌 관계 경향성이 크게 작용한다.

나는 수린 씨처럼 주저하는 사람들에게 이런 질문을 건넨다.

"정말로 친한 사람이 맞나요?"
"친하다는 정의는 무엇을 의미하나요?"

이 질문은 관계보다 자신의 감정에 초점을 맞추기 위한 질문이다. 왜냐하면 지금 드는 위축감이나 속상함은 "친한 사람에게 다가가지 못하고 있다"라는 껄끄러움에서 출발했기 때문이다.

사람마다 '친하다'라는 감정의 기준은 다르다. '친밀감을 느끼는 정도'도 제각각이다. 상대방은 나를 '절친'이라고 부르지만, 나로서는 아직 거리감이 느껴지기도 한다. 그 반대도 마찬가지다. 이것을 인정하는 순간, '친한데 왜 다가가지 못하지?'라는 속상함은 '아직은 조심스럽지만, 더 알아가고 싶다'라는 기대로 바뀔 가능성이 있다. 즉, 지금 드는 위축감은 친한 관계를 원하지만 현재 그 사람과의 관계가 부족하다고 느끼는 상태에서 비롯된 '불안감'의 표현인 것이다.

친밀한 관계를 원하는 감정은 그 자체로 소중하다. 이 마음은 있는 그대로 이해받고 싶은 마음이기도 하고, 다가가고 싶은데 주저하는 마음이기도 하다. 더 자기다운 모습으로 관계 맺고 싶다는, 신중한 바람의 표현이기도 하다. 그러니 이 감정을 스스로에 대한 부족함으로 오해하지 않기를 바란다. 관계에 대한 애정에서 비롯된 감정이다.

우리는 살아가면서 친척, 동료, 선배, 후배 등 수많은 사람을 만난다. 그중 누구와 친구가 될지는 전적으로 개인의 선택이다. 그 선택은 인위적으로 누가 만들어 줄 순 없다.

차분하게 생각해 보면, 만나는 사람들 모두와 친구가 될 이유도 없다. 가능하지도 않고 친척이나 동료, 비즈니스 관계인 사람과 친해지면 정말 내 삶에 좋을지도 의문이다. 공사를 구분하고 서로 어느 정도의 거리를 둬야 더 좋은 관계도 있다.

내가 그 사람에게
주고 싶은 마음

친해질 사람은 자연스럽게 친해진다. 내가 다가간다고 친해진다는 법도 없고, 때로는 어떤 사건을 계기로 그 사람과 갑자기 가까워지기도 한다. 즉, 친밀한 관계를 만드는 것은 통제 밖의 영역이다. 내가 다가간다고 하더라도 이 관계를 마음대로 통제할 순 없다. 상대방 역시 그만큼의 마음을 가져야 가능하다.

이 관계를 '친한 관계'나 '더 가까운 관계'로 만들고 싶다는 마음이 클수록 뜻대로 되지 않을 때 더 조바심이 난다. 그 사람은 아직 다가올 준비가 안 된 상태인데, 나만 급하게 다가가다

간 탈이 날 뿐이다. 내 마음속 관계에 대한 갈망과 바람이 더 큰 불안을 부채질하는지도 모른다.

관계는 상호 작용이다. 혼자 노력한다고 해서 마음대로 통제할 수 없다는 사실을 명확히 알면 내 마음을 부족하다거나 이상하다고 여기지 않을 수 있다. 그저 누군가를 향한 조심스러운 마음임을 알고 그 자체가 신중함의 표현이라는 것을 인지하면 된다.

만약 지금 친해지고 싶은데 거리감이 느껴지는 사람이 곁에 있다면 스스로에게 물어 보자.

'이 사람과 가까워지고 싶은 마음은 어디서 왔나?'
'이 관계에 내 시간과 감정을 쏟을 가치가 있나?'
'이 사람은 그럴 만한 사람일까?'
'그렇다면 나는 이 사람에게 무엇을 줄 수 있을까?'

원하는 모두와 가까워질 순 없다. 가족이라고, 곁에 있다고, 동료라고 모두와 친해져야 할 이유도 없다. 오히려 애써 친밀감을 만드는 시도가 통제 욕구를 더 키울지 모른다. 그저 지금의 이 감정은 관계를 조심스럽게 가꾸고 싶은 마음의 표현이다. 그러니 그 마음을 탓하기보다 지금 느끼는 감정이 내게 무엇을 말하는지 먼저 읽어 보자. 관계 앞에서 주저하는 마음을 있는 그대로 바라보자.

'내가 지금 이 관계가 불안하구나.'
'내 마음처럼 다가가지 못해서 속상하구나.'
'더 친해지고 싶구나.'

그 마음을 있는 그대로 보면 된다.

만남 뒤에 오는 감정이 관계를 결정한다

만나면 기분이 좋아지는 사람이 있다. 나 역시 그런 사람이 되고 싶었다. 누군가를 만나고 나서 내가 느끼는 감정, 상대방이 느낄 감정이 같기는 쉽지 않다. 만남 뒤에 주고받는 연락에서 "오늘 너무 재밌었어!"라는 말을 들으면 기분이 좋아진다. 나 역시 그렇게 느꼈을 경우에 그렇다. 반면에 내가 조금 복잡한 감정을 느꼈다면 상대방이 좋다고 할지라도 마음이 선뜻 동하진 않는다.

'(속으로) 난 그렇게 재미있지 않았어….'

이처럼 사람을 만나고 난 뒤 남는 감정은 그 사람과의 시간이 나에게 어떤 의미였는지를 알려 준다. 공허함이 남았는지, 묘한 불쾌감이 들었는지, 아니면 다행히도 무언가가 채워진 기분이었는지를 말이다. 그 감정은 내가 누구와 함께 있을 때 편안하고, 어떤 관계에서 자주 지치는지 알려 주는 단서가 된다.

좋은 기분에도
나만의 기준이 있다

예일 대학교 감성 지능 센터 센터장 마크 브래킷의 저서 《감정의 발견》에 '무드 미터(Mood Meter)'라는 개념이 소개되었다. 무드 미터는 감정을 활력 수준(높음/낮음)과 기분의 쾌적함(높음/낮음)의 두 축으로 나누어, 네 가지 색깔(노랑, 초록, 빨강, 파랑)로 구분하는 도구다.

색깔과 좌표로 감정의 이름을 안내하는 방식은 자신의 감정을 파악할 때 유용하다. 그래서 상담할 때 내담자와 함께 무드 미터를 보며 감정을 하나씩 짚어 보곤 한다. 그 과정에서 가장 가까운 감정을 선택하고 이야기를 하다 보면 무드 미터에 없는 내밀한 감정까지 스스로 알아차리는 경우도 많다. 이렇게 사람들과 감정에 관해 이야기하면서 발견한 점은 사람마다 '좋은 기분'이란 정의가 참 다양하다는 사실이다.

어떤 사람은 '들뜨고, 신나거나, 짜릿한' 상태만이 좋은 기분이라고 느낀다. 말하자면 들뜨지 않거나 차분한 순간들은 기분이 안 좋다고 느낀다. 반면에 누군가는 '차분한, 고요한, 생각에 잠긴' 순간을 좋은 기분이라고 말한다. 전자에 비해 활력이나 에너지 수준 또는 감정의 강도가 낮은 상태가 그 사람에게는 훨씬 더 쾌적하고 편안하거나 만족스러운 감정이라고 느낀다. 그래서 나에게 좋은 감정은 어떤 상태인지 아는 게 중요하다. 내 감정을 읽는 힘이 필요한 이유다.

우리 삶에는 감정을 만드는 수많은 자극이 존재한다. 특히 사람은 사람에게 가장 주요한 자극이 된다. 길에서 마주치는 사람 한 명 한 명도 자극이 될 수 있다. 기질적으로 타인의 감정이나 태도, 행동 변화의 미묘한 변화를 잘 감지하는 능력, 즉 '사회적 민감성'이 높은 사람이라면 더욱 그렇다.

나의 경우도 그렇다. 보고 듣고 만지는 오감에도 민감한 편인데, 사람으로부터 느껴지는 감각은 나를 더욱 민감하게 반응하게 한다.

예를 들어, 지하철 서해선이 익숙하지 않아서 허둥지둥하는 나에게 "어디가요?"라며 먼저 말을 걸고 길을 알려 주는 사람을 만났을 때, 내가 탑승하며 더 이상 누군가 올라탈 틈이 없는 엘리베이터의 닫히는 문 사이로 "먼저 가요. 난 다음에 타면 되니까"라고 말하며 눈웃음을 보내는 사람을 볼 때 이상한 죄책감이 느껴진다. 순간 볼이 빨개지고 기분이 좋으면서도, 어쩔 줄 몰라 당황스럽다. 사람에 따라, 상황에 따라 감정은 다르게 느껴진다. 만남 뒤에 남는 감정은 내 마음와 반응을 읽을 수 있는 중요한 단서가 된다.

만남에 지쳤다면
만남 앞에서 신중해질 때다

상담을 하다 보면 빼놓을 수 없는 이야기가 있다. 바로 '타인'에 대한 이야기다. 사회생활을 하면서 만나는 사람들로부터 기가 빨린다는 이야기를 특히 자주 듣는다. 또 어릴 때부터 편하고 좋았던 사람들인데, 어느 순간부터 만나고 나면 지친다며 혼란스러워하는 사람들도 정말 많다. 원래 좋았던 관계가 왜 만나고 오면 지치는 관계가 되는지 이해되지 않아 생각이 많아진다고 한다.

이야기를 더 듣다 보면 지칠 수밖에 없는 이유는 분명하다. 삶의 환경과 관심사 등을 포괄하는 모양 자체가 달라지면 서로 이야기하고 싶은 주제도 달라진다. 누군가는 결혼이나 육아를 이야기하고 싶고, 누군가는 일에 대해 이야기하고 싶은 식이다.

만약 내가 아무 말도 하기 싫을 정도로 지친 시기라면 아무리 편한 사람이라도 만나러 가는 길부터 지친다. 현재 내 몸과 마음 상태가 그 만남에 적절하지 않은 탓이다. 지금 상태에 어울리는 환경 안에서 사람을 만나야 그 만남 자체가 기분 좋음으로 이어진다.

갑자기 친구에게서 "우리 만날까?"라고 연락이 온다고 상상해 보자. 예전 같으면 이럴 때, 무조건 "그래 만나"라고 즉답했을지 모른다. 하지만 '나는 지금 이 친구를 정말 만나고 싶은가?'라는 질문을 던져 보자. 이때 애매하다고 생각된다면 약속을 바로 잡지 않고 보류한다. 만약 만나고 싶지 않다면 언제 만나야 내 컨디션과 상황에 적절할지를 생각해 본다. 그리고 시간뿐만 아니라 친구와 어디서 무엇을 해야 나도 즐거울지 생각해 보자.

한 번쯤 멈춰서 내 상태를 돌아보고 약속을 잡는 것만으로도 감정을 덜 소모하면서 상황에 더 어울리는 만남이 가능해진다. 상대가 하자는 대로 움직이기보다는 나의 몸과 마음의 컨디션을 먼저 고려하는 연습을 하자. 그 연습은 관계 속에서 불필요한 지침을 예방해 주는 작은 기술이 된다.

적어도 사적인 관계에서는 나에게 선택권이 있다. 가까운 몇 명의 친구나 연인, 시간을 나누고 싶은 사람이 그렇다. 이 사람들은 내 감정에 영향을 미치는 자극인 만큼, 내가 선택할 수 있는 여지 또한 크다. 의무감으로 억지로 만나야 한다는 공식은 없을 뿐더러, 그런 마음으로 만나면 서로에게 좋지 않다. 사람 자체를 피하기보다는 가능한 좋은 자극을 주는 사람들을 만나면서 내가 바라는 감정을 더 누리길 바란다.

왜 우리는
모임에 빠지는 게 두려울까

 어떨 땐 스스로가 집순이 같다가도 사람들을 만나고 오면 기분이 좋은 날이 있다. 단순히 결이 맞아서 그런 것만은 아니다. 나와 완전히 다른 성향의 사람이라도 좋은 감정이 들 때가 있다. 오히려 달라서 좋을 때도 많다. 어느 지점에서 내 마음이 편안해졌는지, 어떤 것 때문에 그 사람과 함께하는 시간이 불편한지를 스스로가 알아차리는 일이 중요하다.
 연수 씨는 요즘 힘들다며 이야기를 시작했다.

 "어떤 모임은 불편하고, 어떤 모임은 편해요. 불편하다고 느끼면서도 꾸역꾸역 가는 이유가 뭔지 도대체 모르겠어요."

　우리가 불편한 모임에 꾸역꾸역 가는 이유는 '의무감' 때문이다. 어릴 때 학교에 무조건 등교해야 했듯, 어른이 된 지금도 '그 모임은 빠지면 안 된다'라는 생각이 자리하는 것이다.
　연수 씨의 이야기를 조금 더 들어 보니, 연수 씨의 마음 안에는 모임에 가지 않으면 무언가 중요한 사실을 나만 모른다는, 즉 '뭔가를 놓칠 수 있다'라는 불안감이 있었다. FOMO(Fear of Missing Out), 즉 무언가를 놓치길 두려워하는 마음은 요즘처럼 빠르게 변화하는 시대에 흔히 보이는 감정이다. 하지만 모임에 다녀오고 나면 다녀와도 별것이 없다는 사실을 금방 알게 된다.

내가 그 모임을
불편해하는 이유

　사실 나는 모르고 그들만 아는 삶의 대단한 지름길이나 비밀은 없다고 봐야 한다. 스스로도 알고 있을 것이다. 혹시 그런 비밀이 있다고 해도 누구에게나 간편하고 쉽게, 똑같이 적용할 수 없다. 사람마다 삶과 구조가 다르기에 그 사람의 방식이 내 삶에는 맞지 않을 가능성이 더 크다. 그 사람의 경험은 그 사람의 경험일 뿐이다. 그렇기에 그 자리에 꼭 있어야 할 이유는 더 찾기 어렵다.

그럼에도 모임에 참석하는 일을 당연히 견뎌야 한다고 여긴다면 자신에게 이렇게 물어 보자.

'정말 내가 그 자리를 참아내야 할 만큼 중요한 모임일까?'
'불편함을 굳이 견뎌야 할 가치가 있나?'
'아니라면, 그렇게 싫으면 안 가도 되는 거 아닌가?'

다음으로 중요한 것은 내가 왜 그 모임이 견디기 힘들 정도로 불편했는지를 들여다보는 일이다. 불편감에 빠져들기보다는 마주하는 편이 스스로에게 유익하다. 그 모임에서 유독 껄끄러웠던 대화나 행동, 시선, 분위기 등 그 안에서 내 감정을 건드는 지점이 분명히 있다. 그 자체가 나라는 사람에 대해 말하는 중요한 단서일 가능성이 크다. 그 지점은 아주 내밀한 취약점일 수도 있다.

취약점은 수치심이라는 감정을 불러일으킨다. 수치심이 유독 더 고통스러운 이유는 우리 존재 자체에 대한 열등감이 건드려지면서 존재 자체가 부서지는 경험을 하기 때문이다.

'내가 왜 이렇게 작아진 기분이지?'
'여기선 내 모습이 자꾸 어색하게 느껴지고 남을 의식하고 있어.'
'나답지 않은 말과 표정을 짓고, 자꾸 나를 검열하게 돼.'

내면의 상황을 들여다보면 별 이유 없이 나라는 사람 자체가 한없이 작아진다. 수치심 느낄 상황이 아닌데도 수치심을 느낀다. 갑작스럽게 내가 빛을 잃어버린 듯한 느낌이 들거나, 과도하게 사람들의 눈치를 보고, 그 모임 안에서 어떤 말을 해야 할지 검열하며, 그런 자신을 스스로가 또렷이 의식한다. 마치 감시를 당하는 느낌마저 든다. 그런 자신을 느낄수록 더 얼어붙기에 수치심을 느끼지 않을 만한 상황으로 도망간다.

'이건 뭔가 잘못됐어! 전혀 나답지 않아!'
'빨리 여기에서 탈출해야겠어.'

수치심, 피하고 싶지만
누구에게나 드는 감정

내가 나답지 않다고 느끼면 우리는 자신의 말과 행동, 표정을 검열한다. 그리고 타인의 눈치를 보는 나를 발견한다. 그럴 때 느끼는 자괴감과 수치심은 그 자리를 견디기 힘든 불편함으로 만든다. 그곳에서는 전혀 나다울 수 없다. 나도 모르게 생긴 수치심을 어떻게 견디고 받아들여야 할지 혼란스러울 수 있다.

수치심은 어떤 사람과 함께 있는 상황에서 더욱 촉발된다. 타인이 나를 평가하는 말이 될 수도 있고, 은밀한 눈길일 수도 있다. 누군가가 생각 없이 꺼낸 한마디가 내면 깊숙이 자리 잡은 수치심을 건드릴 때, 화들짝 놀라 부끄러움 덩어리가 된다.

수치심은 굉장히 강렬한 정서라서 피하고 싶은 불편한 감정이 맞다. 정도의 차이는 있으나 누구에게나 그렇다. 수치심을 연구하는 심리학자들도 "수치심은 내가 무가치하거나, 부족하거나, 비열한 존재처럼 느껴질 때 생기는 감정"이라고 표현한다.

자신을 부정적으로 평가하는 감정인데, 그 감정이 고통스럽지 않다면 이상한 일이다. 수치심은 누구에게나 고통스럽다.

그런 감정을 느낄 때 '내가 이런 상황에서 수치스럽다고 반응하는구나' 하고 자각하면 된다. 수치심 또한 나를 구성하는 하나의 감정이라고 이해할 때, 나라는 사람을 더 깊이 이해하게 된다. 그 자체가 내 감정을 조절하는 과정이다.

이 점을 명심하자. 수치심은 내가 나쁘거나 못났기 때문에 드는 감정이 아니다. 사람이기에 누구나 느끼는 감정이다. 누구에게나 수치심이 있다.

성인이 된 우리는 관계를 선택할 권한이 있다. 모임에 대해서도 차분하게 생각해 보자. 성인이 되어 만나는 여러 인간관계 중에는 선택 가능한 관계가 있고, 선택할 수 없는 관계가 있다.

학교, 직장, 가족 같은 관계는 내 마음에 안 들어도 바꾸기가 어려운 쪽이다. 반면에 지인이나 친구는 선택의 유동성이 상당히 존재한다. 단순하게 말하자면 성인이 된 우리는 이제 싫으면 친구를 안 만나면 된다. '불편해도 그 모임에는 가야 된다'라는 생각을 한번 뒤집어 보자.

'진짜 가야 할까?'

'진짜 안 가면 큰일이 날까?'
'내 신변이나 재산상에 손해가 생길까?'
'내가 모르는 어떤 거대한 기회를 놓치게 될까?'
'내가 모르는 어떤 거대한 기회가 실제로 있다면, 그들이 나를 위해 나에게 그것을 알려 줄까?'
'자기만 알고 있을 가능성이 크지 않을까?'

사실 그렇지 않다면 안 가도 된다는 결론을 내리는 편이 나에게 이롭다. 모임을 가는 일보다는 그 모임에서 일어나는 수치심을 이해하고 알아가는 시간이 스스로와 더 친해지는 시간이다.

부러움과 질투를
다스리는 법

SNS를 보다 보면 무의식적으로 자신과 타인을 비교한다. 그러면서 '나랑 비슷한데 더 나은 삶을 사는 사람'에게 시선이 간다. 왜 자꾸 그 사람만 거슬리는 걸까?

'저 사람은 나랑 비슷한데 왜 나는 더 못 살지?'
'나도 저렇게 살고 싶은데, 현실은 그렇지 않네.'
'왜 나만 뒤처지는 것 같지? 나는 대체 뭘 하고 있는 거야?'

'빛나 보이는 사람'과 '멈춰 있는 나' 자신을 끊임없이 비교하고, 마음속에는 부러움과 함께 수많은 감정과 생각들이 밀려온다.

우리는 왜 유독 어떤 특정한 사람을 바라보며 비교할까? 이 마음을 어떻게 바라봐야 할까?

우리는 구석기 때부터
서로를 부러워했다

비교는 SNS만의 고유한 특성이 아니라, 인간 본성에 깊이 뿌리박힌 본질적 특성이다. 구석기 시절부터 인간은 모닥불에 둘러앉아 이야기를 나누며 서로를 비교하고 부러워하거나 질투했을 가능성이 크다. 사회적 서열을 형성하며 누구와 협력할지, 누가 더 자원을 가질지 판단하는 일은 생존과 집단 생활에 중요한 요소였기 때문이다.

추석과 설날 같은 명절에 엄마 친구 아들, 엄마 친구 딸, 사촌의 사촌을 비교하는 것도 같은 맥락이다. 정보 기술이 발달하면서 비교는 인터넷 공간으로 옮겨왔다. 1990년대의 PC통신 하이텔, 나우누리 시절부터 비교의 대상은 직접 대면하지 않는 누군가로 확장되었다. 2000년대 초반 등장한 싸이월드 역시 현실 인맥을 기반으로 했지만, 온라인 비교로 인한 열등감 생성 구조는 지금의 인스타그램과 다르지 않았다.

정보 기술의 발달에 따라 비교 범위도 점점 확장되는 경향을 보인다. 비교 대상은 눈으로 보고 실제로 얘기를 나눌 수 있는 누군가로부터 이제는 누군지 알지도 못하고 생전 만나보지 못한, 앞으로도 만날 가능성이 거의 없는 누군가로 점차 확장되었다. 우리는 이제 인류 전체를 비교 대상으로 삼을 수 있는 시대에 산다.

모든 인류가 인터넷을 사용하는 현대 사회에서 비교 대상이 전 세계적으로 늘어난 만큼, 부러움 또한 과거보다 훨씬 더 강하고 극단화되었다. 부러움이나 질투는 인류 역사상 언제나 존재했지만 지금은 그 강도와 빈도가 더욱 심화되었다.

SNS는 소통의 공간을 표방하지만, 동시에 무의식적 비교가 가장 쉽게 일어나는 공간이기도 하다. 이곳에서 우리는 실시간으로 타인과 비교한다. 외모, 학력, 자산, 직업, 성격, 집안까지 모든 영역에서 완벽해 보이는 사람들을 인스타그램만 열면 쉽게 본다. 과거에는 비교 대상이 동네 친구나 직장 동료 정도였다면, 지금은 전 세계의 '잘난 사람들'과 비교한다. 그 비교는 점점 더 가혹해졌다.

'육각형 인간'의
비밀

요즘은 SNS에서 '#소통해요'라는 해시태그보다는, 소통을 통한 '개인 브랜딩'이 더 중요하다. 타인과 연결되기보다 '나를 어떻게 보여 줄 것인가?'가 더 중요한 시대가 되었다. 우리는 타인의 삶을 지나치게 많이 알게 되었고, 타인이 의도한 이미지대로 타인을 소비한다. 우리 또한 누군가의 타인이기에 서로의 편집된 모습을 주고받으며 비교의 함정에 빠진다.

실제로 최근 연구[9]에 따르면, 소셜 미디어는 정신 건강에 해로울 수 있다. 특히 문제가 있는 소셜 미디어 사용은 일상적인 스트레스와 자살 관련 결과 사이에 상당한 영향을 미쳤으며, 이는 특히 29세 미만의 여성에게 적용된다는 연구[10]가 있다.

SNS에서 비교를 적극적으로 부추기는 환경은 단순한 감정 기복을 넘어서, 우울이나 무기력, 자살 사고로 이어질 수 있는 강력한 요인이다. 감정적으로 취약한 상태일수록 SNS 사용으로 인한 감정적 여파에 더욱 세심한 주의가 필요하다.

우리는 이제 단순한 소통을 넘어, 타인의 '편집된 삶'을 실시간으로 소비하는 시대에 산다. 편집된 모습 속에서 우리는 '완벽한 육각형 인간'을 발견한다. 현실에서는 모든 걸 갖춘 사람을 찾기 어렵지만, SNS에서는 모든 영역에서 완벽한 사람들이 정말 많다. 그것이 알고리즘이 만들어 낸 세상이다.

SNS가 삶 깊숙이 침투한 지금, 1분에 한 번씩 습관적으로 앱을 여는 사람에게 "비교하지 말자"나 "소셜 앱을 삭제하거나 사용량을 제한하자" 정도의 대책은 한계가 명백하다. 또다시 앱을 깔고 지우기를 반복하고, 또다시 누군가와 비교하면서, 그런 자신을 보며 자괴감만 키울 뿐이다. 비교하는 순간 부럽고 질투하는 감정이 밀려온다. 우리는 이 감정을 어떻게 바라봐야 할까?

부러운 감정에도 흐름이 있다

우리는 SNS에서 보는 타인의 삶, 성과, 외모 등을 보며 부러움을 느낀다. '우와, 멋지다!'라는 반응과 함께 '나도 저 사람처럼 되고 싶어'라고 생각한다. '저 사람의 대단함'에 감탄하는 마음이 '부럽다'는 마음을 생산한다.

하지만 이 부러움은 곧 나 자신의 현실을 돌아보는 '트리거'가 된다. 타인의 성취가 빛나 보일수록 '내가 가지지 못한 것',

즉 나의 결핍을 환하게 비춘다. '나는 왜 저런 것이 없을까?'라는 고민으로 이어지면서 '나만 뒤처지나?'란 불안감이 촉발된다. 이 감정의 흐름은 단순히 '무언가를 가지고 싶은 마음'에서 끝나지 않는다. 어느 순간, 그것은 내가 반드시 가져야 할 강박이 된다. 이럴 때 상담에서 자주 듣는 고민은 이렇다.

"SNS를 보면 이것도 하고 싶고, 저것도 하고 싶은데, 실천이 잘 안되어서 속상해요."

그런데 이야기를 자세히 듣다 보면 이건 실천을 고민할 문제가 아니다. 해야 할 고민은 다음과 같다.

'정말 내가 원하는 게 맞을까?'
'아니면 단순히 좋아 보이는 걸까?'

나 스스로에게 진지하게 질문해야 한다. SNS에서는 타인의 편집된 모습이 끊임없이 올라온다. 애초에 그러라고 만들어진 공간이라, 우리는 그 모습이 '내가 가져야 할 것'처럼 느껴진다. 이러한 환경 속에서 우리는 점점 '나다움'에서 멀어지고,

'뒤처진다'라는 불안감을 받으며 일상을 산다.

때로는 환경적 제약을 떠올리며 패배감에 젖기도 한다. 이를테면 '나는 왜 부모님으로부터 재산을 물려받지 못한 걸까?'라며 부자 부모를 둔 타인과 나를 비교하고 괴로움에 빠진다. '저 사람은 운이 좋아서, 좋은 환경에서 태어났으니까 저렇게 사는 거야'라며 상대방의 성공이나 행복을 깎아내리기도 한다.

태생적으로 바꿀 수 없는 외부 환경과 나의 삶을 비교할수록, 결국 '나는 다시 태어나지 않고서는 답이 없다'라는 무력감이 남는다. 이 무력감은 점차 부러운 감정을 패배감과 좌절, 열등감으로 변질시키고, 그 감정의 늪은 곧 감옥이 되어 나를 가둔다.

부러움은 내가 원하는 것, 즉 욕망을 알리는 신호다. 우리는 그것을 신호로 받아들이지 못한 채 결핍과 불안감을 확대하는 방향으로 가져간다. 부러움을 단순히 불쾌한 감정으로만 바라보면 타인의 삶에 끊임없이 휘둘리는 존재로 살아가게 된다.

'나도 저걸 갖고 싶어!'라는 마음은 누구나 품을 수 있다. 많은 경우 이 마음은 곧 '지금 없으니까 짜증나!'라는 감정으로 흐른다. 무언가를 갖고 싶은 마음에는 죄가 없다. 그러나 이 흐름이 반복된다면 내가 원하는 무언가를 가진 사람을 볼 때마다 짜증을 느껴야 한다.

  부러움을 단순한 결과로만 볼 일이 아니다. 부러움이나 질투라는 감정을 마주하면 나라는 존재에 대한 단서가 보인다. 유독 누군가가 신경 쓰인다면 그 사람이 가진 무언가를 원하는 마음이 내 안에서 건드려졌다는 신호로 해석하자. 신경 쓰이는 마음에 매몰되지 말고 내가 진짜로 무엇을 원하는지, 나는 그것을 위해 무엇을 해야 할지 묻자.

'나랑 비슷한 사람'이라는 착각

비슷한 사람에게 호감이 생기기도, 부러움이 생기기도 한다. 우리는 비슷한 관심사나 같은 지역 출신, 비슷한 가치관을 지녔을 때 '나와 비슷하다'는 이유로 호감을 느낀다. 서로 닮았다는 사실이 그를 더 괜찮은 사람처럼 만들기 때문이다. 취향을 기반으로 커뮤니티와 팬이 만들어질 만큼 유사함은 서로를 끌어당기는 힘이 있다.

예를 들어, 우리는 모르는 타인에게 이렇게 호감을 느낀다.

'나처럼 P(MBTI)다! 친근하게 느껴져!'

'나처럼 '문구덕후'네? 친해지고 싶다!'
'나처럼 누워 있길 좋아하네? 호감이야.'

반면, 어떤 사람은 나랑 비슷한데도 이상하게 비호감이다. 조건도 비슷해 보이는데 나보다 더 잘나가는 게 거슬린다. 그럴 때 감정에 불이 켜진다. 위협 신호다. 어느 순간 그 사람은 경쟁자로 돌변한다.

누구나
부러움의 대상이 된다

'나랑 비슷한 사람'이란 생각이 애초에 맞는 걸까?

'나랑 같은 대학을 나왔는데?'
'나랑 같은 업계에서 비슷한 시기에 시작했는데?'
'나랑 같은 배경인데….'

부러움은 이렇게 상대방과 나 사이의 공통점을 인식하면서 시작된다. 그러고는 '쟤는 왜 갑자기 잘 됐지? 난 아직 여기까지

밖에 못 왔는데? 나도 저 정도는 할 수 있어야 하는데?'라는 비교 심리가 발생하면서 불안해진다. 이 마음이 상대방을 깎아내리는 쪽으로 향하면 그 감정은 곧 상대방에 대한 험담과 깎아내림으로 변질된다.

'그 사람은 단지 운이 좋았던 거야.'
'인맥 때문이지. 그 사람은 영향력 있는 사람이 늘 도와줬던데?'
'외모로 올라갔구만. 실력은 그만큼은 아니던데? 불공평해!'

어떤 사람은 '나는 안되나 봐. 역시 포기해야 하나?'라는 생각과 함께 무력감에 빠진다. 상대방을 볼 때마다, 그 사람을 떠올릴 때마다 괴로워하는 것이다.

꽤 많은 이들이 타인을 바라보며 '나와 비슷한 사람이네?'라는 판단을 한다. 비교의 대상은 모르는 사람부터 연인이나 배우자가 될 수도 있으며, 부모님이나 형제자매 간에도 발생한다. 친구는 흔한 질투 대상이다.
안타깝게도 '저 사람이 할 수 있다면 나도 할 수 있어야 하는데…'라는 생각에 빠질수록 현실의 차이를 받아들이기 어려워진다. 이런 비교가 계속될수록 자기 비하만 커진다.

비교의 오류를 인식하는 것만으로도 불필요한 부러움이나 질투가 줄어든다. 이미 버거운 현실에서 불필요한 비교로 위기감을 키울 필요는 없다. 생각해 보자. 애초에 그 비교 대상이 타당한가? 내가 생각하는 '비슷함'이라는 기준점은 말이 되는가? 우리는 부러움뿐만 아니라 수많은 감정을 경험하며 살아가는 존재다. 이미 버거운 현실에서 불필요한 비교로 위기감을 키우지 말자.

급을 나누는 사람의 속마음

상담을 하다 보면 '저랑 다를 바 없는 직장인인데 그 사람은 이래요' 또는 '저랑 같은 학교, 같은 나이인데 그 사람은…'과 같은 말을 하며 낙담하는 내담자들을 자주 만난다.

그럴 땐 난 이렇게 되묻는다.

"정말 그 사람과 다를 게 없을까요?"
"단지 직장의 규모, 같은 학교, 같은 나이라는 이유로 비슷하다고 볼 수 있을까요?"

이 질문에서 이야기를 풀다 보면 내담자들은 그 사람과 자신은 완전히 다른 사람임을 또렷하게 인지한다. 그제야 불필요한 비교로 생긴 감정의 소용돌이에서 한 발짝 거리를 두고 내가 현실에서 진짜 고민하는 것을 탐색하는 상태로 이동한다.

우리는 쉽게 '나랑 비슷한 급'이라는 기준을 만든다. 사회가 만들어 낸 '급 사고(Hierarchical Thinking)'에 익숙하기 때문이다. 즉, 인간에게 급이 존재한다고 믿는 것이다. 어떤 사람은 더 높고, 어떤 사람은 더 낮다고 생각하며 자연스럽게 위아래를 구분하는 사고방식이다. 어릴 때부터 우리는 학벌, 직장, 경제 수준, 출발선이 비슷하다는 이유로 사람들을 같은 급으로 묶고 비교하는 데 익숙하다.

나에게 가장 먼저 떠오르는 일은 중학교 시절, 영어나 수학 성적을 기준으로 우열반을 나눴던 일이다. 그때는 열반으로 가는지 마는지가 중대한 사건이었다. 왜 열반으로 가야 하는지에 대한 설명을 제대로 들은 바도 없다. 그냥 성적 때문에 '우월한 사람들'과 '열등한 사람들'로 나누어진 것이다.

개인의 삶은 그렇게 하나의 요소로 단순하게 정의할 수 없다. 그럼에도 우리는 자신도 모르게 인간 사이에 급을 나누고, 그 안에서 나의 위치를 확인한다. 하지만 이렇게 형성된 위계적 사고는 지나친 비교로 이어지고, 왜곡된 방식으로 스스로를 괴롭히는 원인이 되기도 한다.

예를 들어, A와 나 가운데 한 명이 승진해야 한다. A와 나 사이의 공통점은 학벌뿐이다. 결정하려면 프로젝트 경력, 성과 지수, 팀에서 지지받는 정도 등 다양한 요소를 확인해야 한다.

학벌이라는 변수는 인간이 지닌 수많은 변수 가운데 하나에 불과하다. 인간의 성공을 설명할 수 있는 중요한 변수들은 셀 수 없이 많다. 이 변수를 볼 수 있는 안목을 키우지 않고서는 타인의 삶을 제대로 이해할 수 없다. 결국 타인의 성공을 단순한 몇 개의 요인으로 해석하면서 비교의 오류에 빠진다.

<A와 나 사이의 변수로 인한 결과>

	변수1	변수2	변수3	변수4	
	학벌	프로젝트 경력	성과 지수	팀에서 지지 받는 정도	기타 요인
A	같음	??	??	??	??
나	같음	??	??	??	??

똑같아 보이지만
같은 인생은 없다

　사실 우리는 삶이 그렇게 단순하게 나눠질 수 없음을 직감적으로 안다. 그 사람과 나는 똑같은 사람이 아님을 안다. 하지만 비교할 때만큼은 쉽게 급을 만든다. 그러면서 자꾸 누군가와 나를 동일한 사람이라고 이입하며 자신을 괴롭힌다.

　부러움의 강도와 빈도를 조절하기 위해서는 '비교 대상'이라는 인식부터 제대로 생각해 볼 필요가 있다. '정말 저 사람과 나를 같은 기준에서 비교하는 게 맞는가?'를 스스로에게 질문하자. 즉, 비교의 전제 자체를 의심해 보는 것이다.

　비교의 출발점을 달리 보면 부러움의 빈도와 강도도 달라진다. 비슷한 환경에서 출발했다고 모두가 같은 길을 걷는 것은 아니다. 어떤 이는 열악한 조건 속에서도 길을 찾고, 또 다른 이는 그 현실에 머무르며 원망하다가 길을 찾는 사람을 부러워한다. 겉으로 보이는 몇 가지 공통점만으로 같은 삶을 산다고 단정할 수 없다. 밟아 온 과정이 다르니 삶의 방향과 결도 자연스레 달라진다.

　부러움은 억누를 필요가 없는 자연스러운 감정이다. 하지만 비교의 전제를 다시 살펴보면 불필요한 부러움으로 인해 자신을 괴롭히는 순간을 줄일 수 있다.

이미 생겨난 부러움은 다루어야 한다. 만약 비교 방식이 왜곡되어 반복적으로 부러움을 만든다면, 그 방식을 점검하면 된다. 부러움의 감정을 건강하게 다루는 방법과 잘못된 비교 방식으로 자신을 괴롭히는 방법은 다르다. 비교에서 완전히 자유로울 수 없지만, 더 타당하고 균형 잡힌 방식으로 비교하는 일은 충분히 가능하다.

닮음과 다름 사이에
숨은 비밀

'어떻게 저렇게 생각할 수 있지?'

우리는 종종 누군가를 보며 답답함을 느낀다. 예를 들어, 회의에서 한 사람이 의견을 천천히 말하면 기다려 주는 사람도 있지만, 빨리 결론을 내고 싶어 하는 사람도 있다. 친구가 고민을 털어놓을 때도 마찬가지다. 어떤 친구는 함께 공감하며 마음 아파하지만, 다른 친구는 해결책부터 제시한다.

같은 자극을 받아도 사람마다, 상황마다 전혀 다른 반응을 보인다. 그래서 우리는 늘 서로의 '다름'과 마주한다. 그 다름이 때로는 불편함으로 이어지기도 한다.

그 사람의 모습에서
나를 발견할 때

어느 수업을 들을 때 있었던 일이다. 그날은 세 명이 발표를 하는 날이었다. 교실 문을 열고 들어서자 어떤 목소리가 귀에 들어왔다. 아니, 정확히 말하면 누군가가 눈에 띄었다. 교실 맨 앞자리에 앉아 무언가를 소리 내 읽는 사람이었다. 처음엔 '성우인가? 목소리가 좋다' 싶었다. 그리곤 상황을 파악했다.

'아, 오늘 발표하는 사람이구나.'

발표 내용이 지나치게 또렷이 들렸다. 그런데 점점 그 목소리가 거슬렸다. 일단 나는 소리에 민감하다. 작은 수다도 '떠드는 소리'로 해석하고 만다. 학창 시절 쉬는 시간이 생기면 종종 밖으로 피신했다. 15분 정도의 짧은 수다를 듣는 일이 나에게 곤욕이기 때문이다. 그런데 이날의 거슬림은 단지 소리에 대한 민감함 때문만은 아니었다. 유독 나를 건드리는 존재가 따로 있었다.

나는 수다 본능이 좀 많이 부족한 편이다. 말하는 게 꽤 귀찮다. 웬만하면 필요한 말만 한다. 듣는 일이 더 편하다. 그래서 '뭐 저렇게까지 할 말이 있을까?'라고 생각하며 수다에 능한 사람들이 놀랍기도 하고, 때론 이해되지 않는다.

수다 본능 자체는 존중한다. 그렇지만 공공장소는 상황이 좀 다르지 않은가? 공공장소에서 큰 소리로 말하는 사람을 마주하면 눈살이 찌푸려진다. 발표 준비를 하던 그 사람도 그랬다. 발표 연습으로 시작하다가 이내 뒷사람과 웃음 섞인 대화를 이었고, 나의 인내심은 점점 줄어들었다.

곰곰이 마음을 들여다보니, 그 사람이 유독 거슬렸던 이유는 단순히 소음 때문이 아니었다. 중요한 사실은 그 사람의 행동에서 나의 단면을 마주했다는 점이다. 내 안에도 실은 그 사람처럼 '주목받고 싶은 욕구'가 있다. 관심받고 싶은 마음이 대놓고 느껴지는 사람을 보며, 그동안 자제해 왔던 욕구를 느꼈던 것이다.

그 사람은 '나와는 달리' 대놓고 떠들고, 주목받고자 목소리를 높였다. 그것도 매우 당당하게 말이다. 그 모습을 마주하던 나는 그 사람처럼 직접적으로 욕구에 따라 행동하지 못하며 움츠러든 내 마음을 보았다. 욕구를 직접적으로 드러내는 사람이 오랜 시간 부러웠다. 그 사람은 내가 무의식에 넣어 두었던 욕구를 건드렸고, 그래서 불편했던 것이다. 신기하게도 이 마음을 알아차리자 거슬림이 조금 줄어들었다.

두 번째 발표자는 내 앞자리에 앉아 있었다. 준비한 발표 글을 나지막하게 읊으며 연습하는 소리가 들렸다. 그는 첫 번째 발표자와는 달리 거슬리지 않았다. 오히려 그 사람을 응원하는 마음이 생겼다. 나와 닮은 모습이 바로 보였다. 발표를 앞둔 사람이 전형적으로 긴장하는 모습이었다. 발표할 땐 조심스럽게 단어 하나하나를 뱉어내는 모습이 안쓰러울 정도였다. 그 모습은 내게 너무 익숙했다. 나 또한 그런 사람이었기 때문에 그의 긴장감이 남의 일 같지 않았다.

여기서 흥미로운 사실은 두 번째 사람 역시 '주목받고 싶은 마음'이 강했던 점이 앞선 사람과 다르지 않았다는 사실이다. 앞선 사람과 다른 점은 표현 방식 하나였다. 단지 이 사람은 발표를 잘 해내서 주목받고 싶은 마음이 '불안'이라는 형태로 드러났다. 대놓고 주목받고 싶은 마음을 드러내지 않는 측면이 나와 닮아서, 그것이 내게 참으로 익숙한 방식이기에, 편안하게 받아들인 것이다.

세 번째 발표자는 발표 자료를 그대로 읽는 스타일이었다. 준비나 연습 단계에서 눈에 띄지도 않았다. 그에게는 아무런 감정이 일지 않았다. 자연스레 발표자보다는 자료에 집중할 수 있었고 내용도 더 잘 와닿았다.

그 사람은 나와 닮지도, 다르지도 않았다. 공감도, 불편감도 없었다. 아무런 감정이 일지 않고 세 번째 발표가 지나갔다.

성실함이 당연한 사람에게는 이런 모습이 오히려 화를 불러 일으킬 수 있다. 반대로 첫 번째, 두 번째 발표자에게는 아무런 감정이 생기지 않을 수 있다. 발표에 대한 불안도, 주목받고 싶은 욕구도 그리 크지 않은 사람에게는 첫 번째, 두 번째 발표자의 행동이 걸려 넘어질 자극으로 와닿지 않기 때문이다.

감정은 뜬금없이 생기지 않는다. 내 안의 무엇을 건드릴 때 일어난다. 누군가를 보고 거슬리거나 반대로 괜한 관심을 느끼는 순간엔 늘 나만의 이유가 있다. 그 감정의 실마리는 종종 '나와 어떻게 닮았는가, 나와 얼마나 다른가'처럼 비교할 때 생겨난다. 때로 나와 너무 다른 행동은 거부감으로, 나와 너무 닮은 모습은 불편함이나 연민으로 다가오기도 한다.

　우리는 누군가를 마주할 때마다 나를 비춰 보며 무언가를 느낀다. 감정이 일어났다는 사실은 곧 타인에게서 나를 바라봤다는 증거이기도 하다. 누군가와 함께 있는 장면에서 감정은 끊임없이 흐른다.

그 사람이
유난히 거슬리는 이유

보민 씨는 특정 사투리를 들으면 자신도 모르게 한숨이 나온다고 했다. 오는 길에도 지하철에서 그런 사람을 만나 기분이 상한 채로 도착했다며 쓸쓸한 표정을 지었다. 그 사람의 말투도 거슬렸지만, 공공장소에서 큰 소리로 대화하는 사람에게 괜히 심술이 났다고 했다.

'왜 저렇게 공공장소에서 큰 소리로 말하지? 너무 싫다.'

다행히 2분쯤 지나자 통화가 끝났다. 다행이다 싶어서 마음을 겨우 추스르려던 순간 또 같은 목소리가 들렸다. 새로운 통화가 이어져 다시 쩌렁쩌렁한 목소리를 들어야 했다. 이번에도 보민 씨의 마음이 휘청거렸다.

나는 문득 궁금해졌다. 보민 씨에게 왜 특정 사투리가 그렇게까지 거슬릴까? 보민 씨에게 의미 있는 주제인 것 같아 나는 질문을 이어 갔다.

"왜 그 사투리 쓰는 사람들이 그렇게까지 거슬릴까요? 같은 말이라도 다른 톤이 아니었다면 덜 거슬렸을까요?"

보민 씨는 조심스레 자신의 마음을 들여다보기 시작했다.

감정의 정체는 '내 안에 있는 무엇'이다

불편함은 종종 외부 자극 자체보다 내 안의 감정 버튼이 눌렸기 때문에 생긴다. 감정은 상대방이라는 '외부' 요소보다, 내 안에 쌓인 기억과 상처, 욕망이라는 '내부'에서 생겨나기 때문이다. 다시 말해 내 안에 단서가 있기에 감정이 생겨난다.

나의 질문을 받은 보민 씨는 곰곰이 떠올렸다. 그 사투리를 쓰는 모든 사람이 싫지는 않았다. 생각해 보니 가장 친한 친구 한 명도 그 지역 출신이라 그 사투리를 섞어 쓰곤 했다. 그런데 그 친구에게는 거슬린다고 생각하지 않았다.

그런데 나이 든 사람이 그 말투를 쓸 때는 기분이 바로 상한다고 했다. 어린 시절 보민 씨와 함께 있던 친척 어른들이 떠올랐기 때문이었다. 보민 씨에게 명절은 마음 둘 곳 없는 날이었다. 명절이면 함께해야 했던 친척 어른들을 떠올리면 좋은 기억이 없었다.

외가에서는 늘 찬밥 신세 같다고 느꼈다. 구석에 앉아 빨리 시간이 지나가기만을 바랐다. 다른 사촌들이 어른들 앞에서 춤추고 노래도 부르며 사랑받는데, 그런 행동이 내키지 않았던 보민 씨는 그 모든 게 끔찍하게 싫었다. 자연스레 구석 자리를 택했다. 친가도 마찬가지였다. 어른들은 대부분 다퉜다. 특히 술자리만 벌어지면 마음속에 공포감이 일었다.

'오늘은 또 누가 한바탕 하실까. 제발 아무 일 없이 지나가길… 빨리 집에 가고 싶다.'

그 사투리를 쓰는 나이 든 사람의 목소리는 이런 오래된 기억에 묻었던 감정들을 데리고 왔다. 굳이 현실에서 보고 싶지 않은, 잊고 지내던 그때의 감정이 현실 속 낯선 사람의 목소리를 타고 쓰나미처럼 몰려왔다.

이런 이야기는 보민 씨만의 이야기가 아니다. 내담자들은 나에게 저마다의 거슬리는 부분을 말한다.

"도대체 왜 그런지 모르겠는데, 그냥 너무 싫어요."

자기도 모르게 누군가가 거슬린다는 말을 많이들 한다. 누군가는 'ㅈ' 발음을 유독 거슬려 하고, 다른 누군가는 사람을 위아래로 훑는 눈빛에 치를 떤다. 이렇듯 거슬리는 부분은 각자 다르다.

"뭐 그런 걸로 거슬려 해?"라며 "그냥 신경 꺼"라고 말하는 사람들도 많다. 하지만 누군가가 넘어지는 '어떤 것'에 대한 이야기는 타인이 함부로 판단해서는 안 된다. 각자의 싫은 지점은 수없이 많으며, 각자가 그에 맞는 타당한 이유가 있다. 여기서 중요한 건 이 질문이다.

'나는 왜 하필 그것에 감정이 건드려졌을까?'
'나는 그 사람의 무엇을 보았는가?'

진짜 원인은 그 사람의 행동이나 특성이 아니라, 그 사람의 무언가로부터 내가 본 어떤 장면, 어떤 기억, 그로 인한 나의 감정에 있다. 감정의 단서는 언제나 내 안에서 시작된다.

'그것'을 찾아낼 때, 감정은 한결 편안해진다

보민 씨는 그 뒤로도 같은 사투리를 들을 때마다 여전히 짜증이 올라왔지만, 이전과는 마음이 좀 다름을 느꼈다. 짜증에서 더 기분이 나빠지기 전에 다른 생각을 하려고 노력했다.

'내가 예전 어른들 생각이 나서 또 감정이 건드려졌네.'
'지금은 그때처럼 무력하지 않아서 다행이야.'

그 감정을 예전처럼 날 거슬리게 한 '그 사람 때문'이라고만 여기지 않았다. 그 사람을 생각하며 에너지를 낭비하지 않았다. 대신 묵혀 두었던 오래된 기억이 불쑥 건드려졌다는 사실을 알아차리는 쪽으로 마음을 돌렸다. 감정을 이렇게 직면하는 것만으로도 조금씩 괜찮아졌다. 생각의 흐름이 바뀌자 마음을 추스르는 속도는 조금씩 빨라졌다. 몰려오는 짜증에 잠식되기보다, 한 걸음 물러나 마음을 바라볼 수 있는 힘이 생겼다.

'지금 내가 반응하는 건 과거의 내 감정이 건드려졌기 때문이야. 아직도 그때의 감정 때문에 힘들어할 필요는 없어.'

'ㅈ' 발음을 싫어하던 사람도 마찬가지였다. 그 소리를 듣고 불쾌해지는 이유를 돌아보다 어릴 때 자신을 무시하고 따돌리던 동네 선배를 떠올렸다. 그러자 감정의 흐름이 조금 달라졌다. 그 선배는 유독 자신을 싫어하고 집단에서 배척해서 따돌리는 분위기를 주도했다. 그 선배의 목소리를 들을 때마다 사람들 앞에서 작아졌던 감정이 그 발음과 연동되어 있었다는 사실을 알아냈다.

거슬리는 건 단순히 'ㅈ' 발음을 쓰는지 아닌지의 문제가 아니었다. 그 말투에 담긴 선배의 무시, 따돌림, 그 선배가 바라보던 눈빛이 모두 모여 만든 위압감이었다. 그 목소리가 지금도 마음속에 또렷이 남아 감정을 끌어올린다는 사실을 인식하게 되었다. 그 사실을 알아차린 순간, 더 이상 거기에 얽매이지 않아도 된다는 생각이 동시에 올라왔다.

결국 감정은 그 사람이 무엇을 했느냐의 문제가 아니라, 그 행동이 내 안의 무엇을 건드렸는가에 달려 있다. 감정이 단순히 지금 눈앞의 상황만으로는 설명되지 않는 이유다.

불편한 감정의 실마리는 내 안에서 찾는다. 그 실마리를 발견하는 순간, 우리는 더 이상 "왜 저 사람은 저래?"라며 공허한 분노에만 매몰되지 않고, 내 안의 감정을 설명할 수 있게 된다. 감정에 휘둘리거나 상황을 키우지 않는다. 오히려 그 감정에서 나라는 사람을 더 깊이 이해하게 된다.

내 감정이 덜 거슬리려고 상대를 바꾸는 일은 불가능한 영역이다. 우리가 할 수 있는 건 내 안의 상처, 기억, 욕망을 찾아내고 마주하는 일이다. 그럴 때 감정은 조금씩 제자리로 돌아온다. 외부의 자극에 매몰되었던 마음의 초점을 내면의 기억으로 데려오는 순간, 감정의 흐름이 달라진다.

감정은 언제나 나를 지키는 방향으로 흐른다. 묵은 상처를 치유하기 위해 감정은 지금의 나에게 말을 건다. 감정을 따라가다 보면 결국 우리는 어떤 사람을 마주하게 된다. 주로 내 안에 이미 살고 있던 타인이다. 감정은 솔직해서 원치 않는 관계 앞에서는 더 기민하게 반응한다.

"나는 왜 저렇게까지 저 사람이 불편할까?"

이런 생각이 든다면 더 깊은 마음으로 들어갈 시간이다. 그 불편한 감정 속에는 지금껏 내가 맺어온 관계의 경험, 기대, 상처가 담겨 있다. 감정에서 내 안의 진짜 마음을 알아보면 되는 일이다.

불편한 관계를
대처하는 법

 살다 보면 엮이고 싶지 않은 사람과 관계가 이어지는 순간이 있다. 가까워지고 싶지 않은데, 그 사람이 자꾸 다가와 말을 건다. 한두 번은 어색하게나마 웃으며 넘기지만, 나름 거리를 두려고 해도 상대방은 전혀 개의치 않은 듯 자꾸 다가온다. 급격히 피로해지는 순간이다.
 '내가 더 단호하게 선을 그어야 하나?'라는 생각이 들다가도, 함께 있어야 하는 집단에서 눈치가 보일 때는 그냥 적당히 맞추고 만다. 앞으로 한동안은 같은 공간에서 마주쳐야 하는데 어색해지거나 껄끄러워지면 그 또한 불편하기 때문이다. 친해지고 싶지 않아도 관계는 그렇게 이어진다.

이런 관계 앞에서 드는 감정은 단순히 '저 사람과 친해지고 싶지 않아'와 같은 마음만으로는 설명이 충분치 않다. 귀찮음, 부담스러움, 때로는 무시하고 싶은 마음까지 섞인다. 그런데 여기서 '나는 저 사람과 친해지고 싶지 않아'라는 감정 역시 분명히 존중받아야 한다는 점이 중요하다. 감정을 무시한 채 '다 잘 지내야지', '좋게 넘어가야지'라며 억지로 나를 관계로 끌고 들어가면 결국 감정은 어떠한 방식으로든 터져 나오고 만다.

불편한 사람과 그나마 마주치지 않거나 거리를 둘 수 있다면 다행이다. 하지만 살면서 불편한 사람과 얽히는 일은 수도 없이 많다. 심지어 전혀 예상치 못한 관계가 생기기도 하고, 그 끝을 예상하지 못한 채 관계가 점점 깊어진다. 그 안에서 수많은 감정이 흐르고 어느새 관계는 돌이킬 수 없는 지점에 다다른다.

더 가까워질수록 유쾌하고 편안한 감정만 쌓인다면 더할 나위 없이 좋은 일이다. 그 반대의 경우일 때 문제가 된다. 이미 짙어진 관계 안에서 불편함이 더 깊어지는 경우에 그 안에서 생겨난 감정을 정리하고 해결하는 일은 여간 어려운 일이 아니다. 그 사람이 남긴 존재감은 마음속에 진하게 남는다. 이러지도 저러지도 못한 채 괴로움만 커지고 마음은 지옥이 된다.

불편한 사람은 흔적을 남긴다

가끔 멍하니 스마트폰을 보다가 카카오톡 친구 목록을 볼 때가 있다. 한때 인연이 스쳐 갔던 사람들이 어느새 셀 수 없이 쌓여 있다. 연락하는 사람은 손에 꼽는다. 대부분이 지나간 인연들이다. 친구 목록에 보이지 않는 사람들도 있다. 이름을 보기만 해도 괴로운 감정이 발생하는 사람들이라 친구 목록에서 지웠지만, 감정은 지워지지 않았기에 마음속에서 그 이름들이 가끔 떠오른다.

지호 씨에게 한영 씨는 그런 존재였다. 더 이상 한영 씨와는 관계를 이어 가기 어렵다고 판단했다. 연락처는 혹시 모를 연락에 대비해 남겨 두었다. 대신 예전에 저장했던 애정을 담아 부르던 별명은 지우고, 이름 석 자만 남겼다. 그러면서도 마음 한쪽은 씁쓸했다.

'한때는 매일 붙어 다니던 친구였고 못할 이야기가 없었는

데, 우리 어쩌다 이렇게 된 거지?'

지호 씨와 한영 씨 사이에 뭐 그리 대단한 사건도 없었다. 물론 마지막 만남은 꽤 어처구니없긴 했다. 한영 씨는 평소에도 까다로운 성격이었다. 그런 한영 씨에게 지호 씨는 최대한 잘 맞추는 편이었다. 오랜 친구였기에 한영 씨의 취향도 잘 알지만, 무엇보다 지호 씨는 상대방의 기분을 잘 살피는 성향이기도 했다.

그래서 그런지 언젠가부터 지호 씨는 한영 씨의 눈치를 보는 습관이 생겼다. 다른 사람들을 만날 때도 그리 편하진 않지만 유독 한영 씨와 만날 땐 더 진이 빠졌다. 함께 놀 땐 즐거웠다. 그런데도 한영 씨를 만날 때면 '집에 가고 싶다'라는 생각이 머릿속을 떠나지 않았다. 나이가 들수록 그런 시간이 더 심해졌다. 결국 지호 씨는 자문했다.

'내 인내력이 바닥난 걸까.'

언젠가부터는 한영 씨가 만나자는 연락조차 부담이 될 정도였다. 지호 씨는 급기야 '내가 한영을 더 이상 안 좋아하나?'라는 생각이 들었다. 그렇다면 왜 이렇게 한영 씨가 싫어졌는지 이유를 찾아야 했다. 그 이유는 둘의 마지막 날에 명확해졌다. 한영 씨의 자아도취, 상대방을 깎아내리는 말과 행동에서 불편함을 발견했다.

돌이켜보니 한영 씨는 늘 지호 씨에게 자신의 생각을 말하느라 바빴다. 지호 씨는 무엇이든 많이 알고 있는 한영 씨가 멋져 보였다. '어쩜 저렇게 다 잘하지?'라는 생각이 들며 부럽고 배우고 싶은 친구였다. 그런데 시간이 지나며 한영 씨가 은근히 지호 씨를 견제한다는 사실이 느껴졌다.

사회생활을 시작하면서는 비교가 심해졌다. 지호 씨가 자신의 일을 이야기하면 한영 씨는 시큰둥하게 반응하기 일쑤였다. 이를테면 일이 잘되서 신나서 얘기하는 날에 한영 씨는 이렇게 반응했다.

"뭐야, 별거 아닌 일로 그렇게까지 얘기를 길게 해?"

이런 날들이 한두 번이 아니었다. 그날 밤 집에 돌아와 지호 씨는 결국 폭발해서 한영 씨에게 메시지를 보냈다.

"오늘처럼 네가 한 번씩 그렇게 정색하며 나를 깎아내리는 말투, 너무 힘들어. 이제 그런 말투를 그만 쓰면 좋겠어."

지호 씨의 말에 한영 씨는 재빠르게 답장을 보냈다.

"그럼, 우린 그만 보는 걸로."

그렇게 십여 년의 세월이 한 순간에 종료되었다.

회피가 아니라
자기 보호일 수 있다

한때 나에게 불편함을 남기고 사라진 사람은 그와 비슷한 분위기의 사람을 마주쳤을 때 나도 모르게 움찔하게 된다. 본능적으로 거리를 두고 싶어진다. 예전에 겪었던 불편한 감정과 상황이 완전히 사라지지 않았음을 내 안의 감각이 먼저 알아차린다.

그 사람이 남기고 간 감정은 여전히 내 안에 살아 있고, 그것이 새로운 관계를 대하는 마음에 영향을 미친다. 불편했던 사람과의 관계는 과거에 끝났지만, 그 사람이 남긴 감정의 흔적은 지금도 마음 한쪽을 차지한다는 사실을, 새로운 사람을 만나며 비로소 알게 된다.

지호 씨 역시 어느 날 한영 씨와 비슷한 분위기를 가진 사람을 마주했을 때 움츠러들었다. 한영 씨가 지녔던 좋은 면이 그 사람에게도 느껴져서 한편으로는 끌리기도 했지만, 그와 동시에 가까워졌다간 한영 씨와의 관계처럼 힘들어질지도 모른다는 경계심이 더 크게 다가왔다.

누군가를 봤을 때 피하고 싶다는 생각이 든다면 일단은 다행이다. 나에게 해로운 사람을 본능적으로 느끼면서도 해로운 관계에 끌려 들어가는 사람도 있고, 때로는 해로움을 감지하지 못한 채 반복되는 관계도 있다. 그래서 또다시 사람에게 상처받는다.

그렇기에 내가 '피하고 싶은 사람'을 감지할 수 있다는 사실을 못난 회피로 생각할 필요가 없다. 오히려 그것은 나를 보호하려는 감정의 신호를 적절하게 받았다고 봐야 한다. 어떤 사람 앞에서 불편함을 느끼고, 거리를 두고 싶어지는 그 순간이야말로 내 안에 이미 만들어진 인간관계에 대한 기준을 점검

할 시간인 것이다.

'내 마음이 어떤 사람을 경계할까?'
'나는 어떤 관계에서 불편함을 느껴 왔을까?'

이 질문을 나에게 던져 보자. 스스로에게 충분히 물어보고 답할 시간을 주자. 같은 실수를 반복하며 원치 않는 관계에 또다시 얽힐 필요는 없다. 우리는 언제든 미리 대비할 수 있는 길을 선택해 걸어가면 된다.

거리를 두고 싶은 마음도 괜찮다

　지호 씨가 한영 씨와의 관계를 반복하고 싶지 않은 이유를 곱씹어 본 결과, 그 관계에서 느꼈던 것은 소위 '수직적인 역할 구조'였다. 언젠가부터 지호 씨는 한영 씨와 있을 때 마치 하인이 된 느낌을 받았다.

　물론 지호 씨에게 한영 씨는 어릴 때부터 멋진 친구였다. 지호 씨는 한영 씨를 공감하고 따르고 싶었다. 그런데 어느 순간부터 관계는 자연스럽게 한영 씨가 주도하고, 지호 씨가 그에 따르는 방식으로 굳어졌다. 지호 씨는 말없이 그 흐름을 받아들였다. 가랑비에 옷 젖듯 서서히 관계에 기울기가 생겼다.

가장 가까웠던 사이에서
누구보다 멀어진 사이로

지호 씨가 그 역할을 기쁘게 받아들였던 건 아니다. 한영 씨가 자존심을 긁는 말을 할 때마다 기분이 나빴다. 어느 순간부터 한영 씨를 만나고 온 날에는 늘 어딘가가 긁힌 기분임을 알아차렸다.

'왜 이렇게 기분이 나쁘지?'

처음에는 그 이유를 정확히 알지 못했다. 그저 평소처럼 갑자기 기분이 나빠지는 날이려니 하고 지나쳤다. 그런데 자꾸 비슷한 감정이 반복되고, 시간이 흐르면서 그 기분 나쁨의 공통점을 발견했다. 바로 한영 씨를 만나고 온 날이었다.

세월이 한참 흐르고 나서야 지호 씨는 또렷하게 알게 되었다. 정확히는 한영 씨의 깔아보는 시선, 그에 따른 말투와 행동이 자신에게 분명한 상처가 되었다. 지호 씨가 예민해서가 아니라, 한영 씨의 태도에는 분명 자극적인 측면이 다분했고, 그것에 지호 씨는 불쾌한 감정을 느꼈던 것이다.

그 사실을 인정하고 나서야 지호 씨는 한영 씨를 다시 바라보게 되었다.

'이 친구가 나에게 어떤 존재이기에, 나는 이 불편감을 감수하면서라도 이 관계를 이어 가고 있었을까?'

지호 씨는 한영 씨가 본인을 대하는 태도가 달라지길 바란다는 뜻을 한영 씨에게 표현했다. 하지만 한영 씨가 그렇게 단칼에 자신을 손절할 줄은 꿈에도 상상하지 못했다. 이 또한 지호 씨가 어쩔 수 없는 일임을 받아들이기까지 오랜 시간이 걸렸다. 오랜 친구로서 한영 씨를 좋아했던 마음은 여전히 남아 있음을 부정하기 어려웠다.

그럼에도 둘의 관계는 거기서 멈췄고, 지호 씨는 한영 씨처럼 말하고 행동하며 사람을 대하는 사람에게는 거리를 두기로 마음먹었다. 이후로는 비슷한 기운을 가진 사람을 마주했을 때 친해지기 전에 스스로에게 신호를 준다. 보호를 위해 만든 장치다. 나를 지키기 위한 거리 두기 본능은 지극히 자연스러운 마음이다.

그 뒤로 지호 씨에게는 다른 고민이 생겼다. 힘든 관계를 반복하지 않기 위해 사람들과 거리를 두는 태도는 이제 어느 정도 익숙해졌지만, 때로는 자신이 사람들을 너무 쉽게 밀어내거는 건지, 조금이라도 한영과 비슷한 면모를 지닌 사람은 처음부터 차단하는 건 아닌지 우려되었다. 심지어 그런 사람들이 다가올 때 자신이 먼저 차갑고 단호하게 반응하는 모습을 볼 때면 마음이 더 복잡해지고 죄책감까지 들었다. 이러다가 자신의 성격 자체가 너무 딱딱해질까 봐 걱정스러웠다.

'내가 이렇게까지 차가운 사람이었나? 사실은 그렇진 않은데….'

모든 관계에 다정할 필요는 없다

다정함은 '정이 많다' 또는 '정분이 두텁다'라는 국어사전의 뜻 그대로, 그 자체로 가치 있는 성품이다. 실제로 학계에서도 다정함(Kindness)을 보편적인(Universal) 가치로 인정하면서, 다정함이 개인과 공동체에 끼치는 긍정적 영향을 밝히는 다양한 연구[11]를 진행하고 있다.

《우리는 조금 더 다정해도 됩니다》를 쓴 저자 김민섭은 다정함을 '누군가의 마음이 되어 보는 일'이라 표현하며, 다정한 사람은 그 일을 할 수 있다고 말했다. 나 자신과 우리 곁의 사람들을 포함하여 더 많은 존재에게 가능하면 다정해지려는 실천과 태도는 일순간의 따스함을 넘어선, 어쩌면 삶의 방향이라고 봐도 무방할 테다.

다정함은 그것이 느껴지는 순간에도 분명 존재감을 발하지만, 때로는 부재할 때 그 가치를 더 선명하게 드러낸다. 정신없이 바쁘고 공허한 일상생활 속에서 친구가 잠깐이라도 안부를 묻거나 작은 도움을 건넬 때 우리는 그 다정함을 더 크게 느낀다. 인간이라면 누구나 결핍으로 인해 다정함을 바라는 마음을 깨닫는 순간이 한 번쯤은 있다.

MBTI에서 흔히 F는 다정하고, T는 이성과 논리를 앞세우다 보니 직설적이고 냉철하다고 표현된다. 그런데 다정함은 그렇게 단순하게 반반으로 나눌 수 있는 개념이 아니다. F도 다정함에 약할 수 있고, T도 얼마든지 다정할 수 있다. F와 T는 의사 결정의 판단 근거가 다르다는 개념이다. 즉, F는 좋고 싫음을 기준으로 의사를 결정하는 사람, T는 옳고 그름이 기준일 뿐이다.

다정함은 판단 방식보다 훨씬 더 복잡한 층위에서 작동한다. 타인에게 무조건 따스함을 건네는 행위부터 관계를 유지하기 위한 전략적인 다정함까지 다양한 형태로 나타난다.

예를 들어, 드라마 〈폭싹 속았수다〉의 관식은 평생 아내 애순에게 수백 개의 머리핀을 선물했다. 특별한 말이 동반되지도 않은, 그저 물건 하나로 다정함이 설명되었다. 관식의 머리핀은 애순의 마음을 울렸다. 관식이 세상을 떠난 뒤에도, 남겨진 머리핀들을 보며 그가 곁에 있는 듯한 따스함을 느끼는 애순의 표정에서 관식의 다정함이 애순에게 충분히 가치 있었음이 느껴졌다.

반면, 앞 사례의 지호 씨는 '늘 다정해야 한다'라는 압박을 품었다. 항상 다정하게 굴어야만 좋은 관계를 유지한다는 믿음이 지배했다. 물론 다정한 사람은 대체로 호감을 얻는다. 누구든 불친절한 사람보다는 좀 더 다정한 사람과 관계를 맺고 싶어 한다. 다정해서 의심을 사는 일도 드물고, 많은 사람이 타인의 따스한 마음을 원한다.

그런데 여기서 생각해 볼 점이 있다. '다정함이 내게 강박처럼 작동하고 있지는 않은가?'이다. 다정함은 다정의 가치에 자발적으로 동참할 때 그 빛을 발한다. '다정해야 한다'는 의무감에 갇힌 다정이라면, 오히려 진심이 빠진 형식적인 관계만을 남긴다.

나는 정말 '누구에게나' 다정해야 할까? 이 질문은 모든 사람에게 사랑받고 싶거나, 모두에게 인정받고 싶은 마음과 긴밀하게 연결되어 있다. 하지만 모든 사람으로부터 사랑과 인정을 받는 일은 애초에 불가능하다. 지금까지는 그 목표를 향해 애써 왔다 하더라도, 이제부터는 달리 볼 필요가 있다. 그 방향이 나를 지치게 하지 않았는지, 피상적인 관계에만 머물도록 한 건 아닌지 돌아봐야 한다. 인위적인 다정함에는 결국 한계가 찾아온다.

두 번째 질문을 던져 보자. 과연 모두에게 다정하기만 하면 괜찮을까? 모두에게 좋은 사람이 되고 싶다는 마음으로, 다정함을 공통 모드로 출력하고 있다면 잠시 멈춰야 한다. 부당한 요구를 들었을 때나 남에게 피해를 입힌 사람에게 다정하게만 대할 수는 없다. 그것이 더 큰 피해를 불러올 수 있다는 점을 명심하자. 상황은 매번 달라진다.

거리를 두고 싶었던 어떤 사람을 대하는 나를 드라마 속 캐릭터 분석을 한다는 마음으로 바라보자. 그 사람을 대할 때 내 마음은 어땠는가? 만약 그 사람에게 거리를 두고 싶었다면, 그럴 만한 이유가 있다. 관계가 틀어질까 염려하느라 마음속 불편감을 지나치지 말고, 내 감정에 먼저 관심을 가져 보자. 그래야 정말로 유익한 관계에서 다정한 시간이 가능해진다.

사랑할 때
가장 필요한 조건 하나

    조용한 카페를 겨우 찾아서 들어왔다. 마음 편히 작업 속도를 올릴 수 있겠다 싶어서 기분이 좋았는데, 이내 한 사람의 목소리가 귀에 들어온다. 점점 크게 들리는 목소리, 자꾸 내용이 들린다. 나도 모르게 듣게 되었다.

    A는 B에게 "내가 너를 직접적으로 공격했어?"라고 물은 뒤 스스로 "아니지"라고 답하고 있었다. 또한 이어서 B에게 "내가 너를 직접적으로 비난했어?"라고 물은 뒤 "아니지. 난 단 한 번도 너를 공격하거나 비난하지 않았어"라고 스스로 답했다. 그러자 B는 A에게 조용히 "너는 항상 막말만 하잖아"라고 답했

고, 화가 난 A는 "네가 오해를 한 거잖아? 오해를 한 건 인정하 겠어? (갑자기 존댓말로) 들어보세요. 팩트만 보세요. 상대방이 공격할 의도가 있었어요?"라고 물으며 또 "없었어요"라고 혼자 답했다. B는 더 이상 말하지 않았다.

제3자의 귀에도 B가 A에게 비난받는 모습으로 보였다. 그런데 말하는 A는 자신이 오히려 나쁜 사람 취급받는다고 말한다. 단 1~2분만 들어도 내가 혼나는 기분이다. 결국 나는 이어폰을 끼고 말았다. 얼굴도 보지 못했지만 감정이 고스란히 느껴져서 한동안 작업에 집중하기가 어려웠다.

감정을 떠넘기는 사람 상대하기

이런 장면은 사실 그리 희귀한 장면은 아니다. 많은 커플, 가까운 사이에서 흔히 일어나는 대화다. 비난한 사람은 어디에도 없다고 하는데, 비난받은 사람은 존재한다. 왜 이런 일이 흔히 일어날까?

다시 그 커플의 상황으로 돌아가 보자. 목소리를 높인 사람은 화가 났다. 화난 감정은 이미 존재한다. 마찬가지로 입을 닫은 사람도 화가 났다. 둘 다 화가 났다. 두 사람의 감정은 같은 '화'라는 이름을 붙이지만 같을 순 없다. 감정은 각자의 것이며, 그것은 각자가 다뤄야 할 문제다.

그런데 그 커플처럼 대부분이 자신의 감정을 다루지 못하고 상대방에게 쏟아 낸다. 아무리 존댓말을 섞어 쓴다고 해도 이미 원망이 가득한 말에는 비난의 뉘앙스가 담겨 있다. 그리고 그 감정이 상대방의 탓이라고 책임을 전가한다. 대화의 본질은 흐려진다. 그렇게 서로에게 감정을 밀어붙이다 보면 대화를 이어 가는 자체가 서로에게 상처가 된다.

많은 사람들은 이렇게 말한다.

"내가 화난 건 그 사람이 잘못했기 때문이다. 그러니 그 사람이 내 얘기를 들어야 한다. 나는 화낼 자격이 있어."

또는 이렇게도 말한다.

"그 사람도 힘든 건 알겠는데 일단 나는 너무 화가 났고 상처받았다. 그러니 내 화가 풀리는 게 먼저다."

이렇게 자신의 감정이 우선이라고 주장한다. 감정의 해결은 혼자가 아니라 상대방의 기여가 필요하다고 믿는다. 그렇다면 상대의 감정은 어떻게 될까? 그 감정은 후순위로 미뤄도 정말 괜찮을까? 이 질문이 합의되지 않는 한, 두 사람의 대화는 계속 같은 자리를 맴돌 수밖에 없다.

상대방의 감정을 억압한 채 자신의 감정만 우선시하다 보면 결국 서로에게 상처가 쌓인다. 상대방의 감정은 상대방의 것이다. "어떻게 니가 그런 감정을 느낄 수 있어", "이 상황에서 니가 그런 감정을 느껴서는 안 되지"라고 주장해 봐야 소용없다.

사랑은
서로를 억압하지 않는다

상대방의 감정을 마음대로 설정할 때 관계가 틀어진다. 자유로운 사랑은 억압하지 않는다. "결혼 몇 년 차세요?"라는 질문을 받을 때마다 나는 잠시 멈춰 우리 부부의 지난 10년을 돌아본다.

'우린 어떤 10년을 보냈을까?'

'자유로운 사랑'이란 무엇일까? 나는 종종 이 질문을 붙잡고 생각한다. 결혼을 앞둔 사람들로부터 결혼 이후의 삶에 대한 걱정을 많이 듣기 때문이다. 많이 하는 걱정 중 하나도 자유를 잃는 것에 대한 두려움이다.

"사랑 안에서 자유로울 수 있을까?"

어찌 보면 당연한 고민이다. 더욱이 자유가 중요한 사람은 사랑 안에서 자유를 잃을까 봐 걱정할 수밖에 없다. 내가 아닌 사람과 한 공간에서, 그것도 평생을 함께 사는 일은 쉽지 않다.
우리는 타인과 함께 사는 일이 그리 호락호락한 일이 아님을 몸소 겪어낸 바 있다. 태어나면서부터 만난 가족과의 경험은 특히 우리에게 여러 감정을 남겼다. 가족이란 관계가 그저 따스하기만 하지 않음을, 가장 큰 고통을 안길 수도 있음을 경험해서 안다. 그렇기에 더욱이 '내가 선택한 사람'과의 삶은 신중해져야만 한다. 사랑은 내 선택이기에 그 책임감은 상상할 수 없을 만큼 무거운 일이다.

어떻게 해야 서로 억압하지 않으면서도 자유로울 수 있을까? 서로 관계 안에서 자신을 잃지 않으려면 어떤 마음가짐이 필요할까? 시간을 내서 이 질문에 스스로 답해 보자.

'나는 이 관계에서 자유로운가?'
'자유롭지 않다면 어떤 부분이 마음에 걸리는가?'
'어떨 때 자유가 침해된다고 느끼는가?'
'나는 어떤 변화를 원하는가?'

자유에 대해 느끼는 나의 감정을 스스로 존중해야만 더 자유로운 관계로 나아갈 수 있다. 다음은 그의 감정을 존중할 차례다. 거꾸로 그의 입장에서 생각해 보자.

'그는 이 관계에서 자유롭다 느낄까?'
'자유롭지 않다고 느낄 것 같다면 어떤 부분이 마음에 걸리는가?'

가능하다면 시간을 내어 그에게도 질문해 보자. 이런 대화를 조금씩 시도하는 것만으로도 우리는 서로가 정의하는 자유를 조금 더 알 수 있다.

서로의 감정을 이해하려는 그 순간부터 관계는 조금씩 더 안정된다. 더 온전한 관계를 원한다면 무엇보다 감정부터 정확하게 존중해야 한다. 내 감정도, 그의 감정도 중요하다. '각자의 감정이 중요하다'라는 가치관에 합의할 때, 서로의 관계 안에 자유 공간이 생긴다.

4장

"감정을 내 편으로 만들어야 합니다"

감정을 건강하게 소화하는 법

♥ ♥ ♥

내 '핵심 감정' 찾기

'누구에게나 핵심 감정이 있다.'

2010년쯤에 들은 말인데 지금까지도 마음 한쪽에 묵직하게 남는다.

나의 핵심 감정은 '외로움'이다. 이 감정은 갑자기 불쑥 떠오른다. 어느 주말 대형마트에서 엄마 아빠가 아이랑 손잡고 걸어가는 모습을 보자 갑자기 외로운 감정이 튀어나왔다.

10대 때는 지붕 아래에서 가족이 함께 살 수 있다는 사실이 감사한 일이라곤 꿈에서도 생각하지 못했다. 20대 때 가족이

산산조각난 후부터 가족이 함께 장을 보는 모습을 보면 감정이 올라왔다. 외로움과 함께 소환되는 감정은 슬픔이었다. 가족을 상실한 듯한 경험은 슬픔이란 감정으로 표현되었다. 나에게 외로움과 슬픔은 오랜 친구와도 같다.

결혼하고 싶은 사람을 만나고 가장 먼저 하고 싶었던 일 역시 '마트에서 장보기'였다. 나도 온전한 가족을 되찾고 싶었다. 원가족은 깨졌지만 내가 선택한 가족과 다시 가족으로서의 감정을 느끼고 싶었다.

누구에겐 찌르면 나오는 감정이 분노나 우울일 수도 있다. 상담자 수업에서 배웠던 비유처럼 사람마다 보유한 쌀가마니의 쌀은 종류도, 양도 다 다르다. 나의 쌀은 외로움이다. 당신의 쌀은 무엇인가? 무엇보다 자신만의 쌀가마니에 담긴 쌀을 알아차리는 힘이 필요하다.

자신을 이해한 사람이 상대도 이해할 수 있다

나의 핵심 감정의 기원은 매우 오래되었다. 어쩌면 10대 시절보다 훨씬 더 이전일지도 모른다. 첫 기억은 다섯 살 정도

이지만, 어쩌면 핵심 감정의 시작은 엄마의 뱃속일 수도 있다. 심리학에도 태아와 엄마의 심리적 연결 상태에 대한 근거가 있다. 엄마가 나를 뱃속에 품었을 때의 정서 역시 내 감정의 기원으로 연결될 수 있다고 생각한다.

  나는 훨씬 더 오래전일지도 모르는 핵심 감정을 품은 채 지금 여기에서 산다는 사실을 의식하려고 한다. 지금 느끼는 감정이 갑작스러운 외부 자극으로 인해 생긴 감정이 아니라, 내 안에서 무엇이 건드려져서 충분히 생겨날 만한 감정이라는 점을 받아들여야 이해의 폭이 넓어진다.

  내 감정에 대한 이해는 나뿐만 아니라 타인의 삶도 조금 더 이해할 수 있는 여지를 만든다. 그 역시 각자의 역사를 가지고 있음을 추측할 수 있고, 이는 곧 인지적인 공감으로 이어진다. 타인의 사정을 자세히 알지 못해도 사정이 존재한다는 사실만으로도 그를 진심으로 이해할 수 있는 시작점이 만들어진다.

'저 사람도 저 사람만의 사정이 있을 텐데….'

나도 모르는 예전의 감정들이 어디에서 건드려질지 모른다. 오래된 감정의 잔여물은 언제라도 튀어나올 수 있다. 누구에게는 그것이 공포일 수도 있고, 공허함일 수도 있다. 나의 핵심 감정, 즉 나는 어떤 감정이 자주 튀어나오는지에 대한 관심이 중요할 뿐이다. 그래야 다음이 있다. 내가 바라는 삶으로 나아갈 수 있다. 감정이 말하는 메시지로 나를 데려갈 수 있는 내가 된다.

세상이 더 차갑게 느껴질 땐 피로도를 체크하자

 아침에 눈을 떴을 때 기분이 좋다면 그날은 꽤 축복받은 날이라는 생각이 든다. 안타깝게도 많은 사람들이 일상의 피로에 익숙해져 있다. 피곤한 날이 피곤하지 않은 날보다 많아진 지 오래다. 번아웃을 한 번이라도 겪어 본 사람이 그렇지 않은 사람보다 많을 정도로 우리에겐 피곤한 날이 많다.
 몸이 피곤할수록 마음 또한 피곤한 방향으로 흐르기 쉽다. 평소와 다르지 않게 매일 보던 사람의 눈빛조차 왠지 덜 부드럽게 느껴진다. 뭐 하나 수월하게 넘어가는 일도 없이 버겁다. 그 와중에 하루도 빠짐없이 쏟아지는 무거운 뉴스들은 감당하기 힘들 정도다. 이제는 한국의 자살률 수치가 무덤덤해질 정도니, 세상이 주는 피로는 해마다 최고치를 경신한다고 해도 과언이 아니다. 피곤한 날엔 그 냉정함이 더욱 선명하게 느껴진다.

"살기가 참 쉽지 않네요."

상담을 하며 자주 듣는 말이다. 나 또한 많이 공감하며 이렇게 답한다.

"맞아요. 정말 그렇죠. 쉽지 않아요."

존재가 흔들릴 때
분노는 깊어진다

누군가가 거슬릴 때 내가 너무 짜증이 날 수밖에 없는 피곤한 상태임을 기억해야 한다. 평소라면 그냥 넘어갈 일이지만 오늘은 넘어가지 못하는 상태일 뿐이다.

어제 잠을 못 자서 오늘따라 유난히 피곤하다 느껴진다면, 그

날은 더더욱 'SNS 금지일'로 지정하자. 외부 자극에 흔들리기 쉬운 날일 가능성이 매우 높기 때문이다. 오히려 그런 날일수록 나에게 더 좋은 자극을 보여 주고, 나를 더 좋은 곳으로 데려가야 한다. 피곤한 나를 그대로 방치하면 나는 점점 더 피곤해진다는 점을 기억하고 나를 위해 더 친절한 하루를 보내보자.

피곤하고 예민한 날에는 SNS 속 사람들이 더 눈에 들어온다. 인플루언서가 해외여행을 떠난 모습을 보고 '나는 언제 저렇게 돈을 펑펑 쓸 수 있을까?'라는 생각이 든다면, 친구의 멋진 애인을 보고 '지금 내 연애는 제대로 가고 있는 걸까?'라는 생각이 든다면 마음은 점점 괴로워질 뿐이다.

알고리즘은 귀신같이 알고 있다. 내가 어디에 걸려 넘어지는지를 말이다. 비교로 인한 자괴감은 곧 분노로 이어지면서 다음과 같은 생각이 내면에서 피어오른다.

'내가 왜? 나는 저 사람보다 잘할 수 있는 사람인데?'
'나는 더 괜찮은 사람 만날 수 있는 사람인데 왜?'
'내가 저 사람보다 더 능력 있는데? 왜 아무도 못 알아보는 거지?'

세상이 내 존재를 알아주지 않는 느낌은 분노로 번진다. 내가 여기서 포기하면 마치 세상에 진 것 같아서 오기가 생긴다. 분노는 좀처럼 사그라지지 않는다. 그러면서도 한편으론 현실의 내가 부끄러워진다. 원하는 위치까지 가지 못한 채 여기에 엎어져 타인을 시기하는 내가 스스로도 싫어서 미치겠다.

도대체 어떻게 하면 이 지옥 같은 감정에서 탈출할 수 있을까? 타인의 행복에 분노가 일어날 때, 그건 나라는 사람의 뿌리가 흔들린다는 신호다.

'저 사람은 되는데, 왜 난 안 되지?'
'나는 그만한 가치가 없는 사람인 걸까?'
'내가 쓸모없는 사람이면 어쩌지?'

이런 생각들이 연쇄적으로 이어진다. 평소에는 의욕을 갖고 열심히 나다움을 찾아가는 사람도 어느 순간 한꺼번에 완전히 무너지는 경험을 한다. 성장을 위해 나아간다고 느끼며 살던 사람들도 타인이 기획한 단 한 장의 사진에 자존감이 부서진다. 실은 무의식중에 이런 믿음이 있기 때문이다.

'이대로의 나는 충분하지 않아.'
'사랑받기 위해서는 무언가를 더 해야 해.'
'인정받기 위해서는 끊임없이 노력해야 해.'

나라는 사람에겐 어떠한 존재감도, 특별함도 없다는 두려움에 잠시도 쉬지 못하며 자신을 몰아세운다. 실은 나 스스로조차 나를 있는 그대로 받아들이지 못한다.

'나다움'에 잘못 집착하는 현상은 이렇게 벌어진다. 실은 나는 이미 그곳에 있는데 자기를 외면한다. 미래의 이상적인 모습만이 진짜 나라고 생각하는 일은 현재의 자기를 부정하는 일이다. 이는 또 다른 회피다. 지금의 내가 나다. 현재의 나를 부정하고 끊임없이 자신을 '개선해야 할 나'로만 바라보면, 그건 집착이고 중독이며, 강박적으로 자기 가치를 증명하려는 착취로 이어진다.

그 과정엔 늘 수치심이 동반된다. '나는 아직 부족해'라는 불안 속에 살아간다. 완벽주의라는 이름으로 포장하고, 열심히 산다는 말로 위장하며, 성장을 추구한다는 말로 스스로를 속이고, '나는 개선되어야 할 존재'로 가치를 하락시키면 우울하지 않을 도리가 없다. 늘 불안 속에 산다. 스스로에게 해로운 일임이 분명하다.

세상이 나를 돕지 않다고 느낄 때, 우울하고 불안하며 분노하게 된다면 한 가지만 생각해 보자.

'내가 나를 귀하게 바라보고 있는가?'

나를 돕지 않는 자는 나 자신일지 모른다. 나에게 가장 가혹한 사람도 나 자신일지도 모른다.

나도 모르게
부러움이 폭주한다면

    누구나 경험하는 부러움이라는 감정도 사람마다 다르게 나타난다. 어떤 사람에게는 그저 스쳐 지나가는 감정에 불과하지만, 어떤 사람에게는 몇 날 며칠을 마음 고생하고 자존감이 갉아먹힐 만큼 강렬하다.

    그렇다면 무엇이 부러움의 강도를 결정할까? 부러움이라는 감정은 단순히 '남이 잘되는 꼴을 보기 싫다'라는 감정이 아니다. 부러움이 강하게 느껴질 수밖에 없는 세 가지 요소가 존재한다. 다음의 세 가지 요소를 살펴보며, 왜 같은 상황에서도 어떤 사람은 부러움을 느끼고, 어떤 사람은 느끼지 않는지 이해해 보자.

부러움의 강도를 결정하는 세 가지 요소

- 부러움 = 비교 가능성 × 개인의 심리적 중요도 × 현재 내 상태

첫 번째 요소는 비교 가능성이다. 타인을 볼 때 '나랑 비슷한 사람인가?'라는 생각이 반사적으로 들면서 비교한다. 부러움은 내가 닿을 수 없는 대상보다는 '나도 저 위치에 있어야 하는데'라는 생각이 들 때 더 강하다. 많은 사람들이 같은 나이, 비슷한 직업, 같은 환경, 같은 출발선에서 시작한 사람들에게 부러움을 느끼는 이유도 이 때문이다.

반면에 나와 너무 다른 사람, 이를테면 억만장자나 유명인은 부러움보다는 동경(Admiration)의 대상으로 바라본다. 예를 들어, 이삼십 대 여성들이 1952년생 밀라 논나를 부러워하지 않는 이유는 그녀가 자신들의 비교 대상이 아니기 때문이다. 그녀는 '저 나이에도 저렇게 우아할 수 있다니!'라는 동경의 대

상으로 자리 잡는다. 1961년생 최화정이 선망의 대상이 되는 이유도 마찬가지다. 그녀는 명랑하고 매력적인 60대 여성으로 인식되지, 경쟁의 대상이 아니다. 마찬가지로 일론 머스크나 스티브 잡스는 동경의 대상이 된다. 우리가 부러워하는 그 사람은 우리가 비교할 만한 대상이라 인식되기에 거슬린다.

한편, 노인이 2030세대를 부러워하는 모습은 종종 보인다. 젊음은 과거에는 가졌지만, 지금은 가질 수 없기에 '나도 한때는 저랬는데'라는 상실감과 함께 부러움의 감정을 불러일으킨다.

누구나 누군가를 부러워할 수 있다. 부러움이란, 결국 내가 갖고 싶은 것에 대한 욕망의 흔적이다.

두 번째 요소는 개인의 심리적 중요도이다. 타인의 무언가를 부러워하는 이유는 그 가치가 내게도 중요하기 때문이다. 결국 부러움은 내가 중요하게 여기는 가치를 이미 확보한 사람에게 느낀다. 그렇기 때문에 같은 상황에서도 어떤 사람은 부러움을 느끼고, 어떤 사람은 전혀 신경을 쓰지 않는다. 그 대상이 자신의 가치관과 얼마나 밀접한지에 따라 부럽다는 감정이 결정된다. 특히 내가 중요하게 여기는 영역에서 비교할수록 부러움은 더욱 강해지고, 관심이 없는 분야에 대해서는 부러움이 일어나지 않는다.

예를 들어, 학벌, 커리어, 인간관계, 경제력, 행복, 젊음, 패션 감각, 운동 감각, 좋은 배우자, 공부 잘하는 자식, 인기와 관심, 내가 어릴 때 받지 못했던 부모의 사랑과 관심 등 어느 영역에서도 내가 중요하게 생각하는 분야에서의 비교는 더 큰 부러움을 불러일으킨다. 반면, 관심 없는 분야에서는 부러움이 일어날 가능성이 적다. 부러움이 자주 생기는 영역을 살펴보면 내가 어떠한 가치를 그 무엇보다도 중요하게 여기는지 찾을 수 있다.

세 번째 요소는 현재 내 상태에 대한 정보다. 나는 지금 만족하는가? 내 삶에 만족도가 높으면 부러움이 줄어든다. 같은 상황에서도 내가 심리적으로 어떤 상태인지에 따라 부러움의 강도가 크게 달라진다.

내 삶에 만족할 때는 부러움을 덜 느낀다. 그만큼 내 삶에 중요한 부분들이 충족되기 때문에 결핍의 양 자체가 적다. 하지만 내가 부족함을 느끼는 상태일 때 부러움은 더욱 강하게 작용한다. 내 삶에 부족한 영역에서 부러워할 만한 상태인 사람들을 마주칠 가능성이 더 커지기 때문이다.

예를 들어, 직장에서 이미 승진했을 때는 동료의 승진 소식이 부럽지 않다. 하지만 내가 승진에서 멀어졌다면 동료의 승진 소식이 괜찮지 않다. 이미 내가 좌절감을 느낀 상태에서 타인의 행복이 나의 기쁨으로 와닿을 리가 없다. 더군다나 내가 갖고 싶었다면 더욱 부러워하고 질투할 수밖에 없다. 그런 상황에서 질투한다고 스스로를 나무라지 말아야 하는 이유다.

부러움도
그저 감정일 뿐이다

부러움은 생길 수밖에 없는 감정이다. 누구에게나 결핍은 있으며, 억만장자라도 지극히 개인적인 결핍의 영역을 비추면 부러움이라는 감정을 피할 수 없다. 누구에게나 생길 수밖에 없는 감정이라면, 어떻게 다뤄야 할지에 초점을 맞춰 보자.

많은 사람들이 부러운 감정을 인정하기 어려워한다. 부러움이나 질투는 부끄럽고 불편한 감정이기 때문이다. '저 사람이 망했으면 좋겠어'라고 생각하는 자신이 싫다. '남을 욕하는 건 못난 사람이나 하는 짓이야'라는 생각이 안 그래도 힘든 나를 더 괴롭힌다. 그렇지만 감정은 외면한다고 사라지지 않는다.

타인을 깎아내리거나 그가 실패하기를 바랄 정도로 내가 부러워하고 있음을 인정하는 것, 바로 그 순간이 마음을 정리하는 시작이다. 부러움을 인정하는 순간, 감정의 주도권이 나에게 생긴다. 내가 지금 느끼는 이 괴로운 마음이 '저 사람 때문'이 아니라, 저 사람에게 향하는 '내 안의 감정' 때문이라는 사실을 깨닫는다.

비교하지 않는 일은 불가능하다. 하지만 부러움이 나를 갉아먹지 않도록 하는 가능하다. 그 감정을 외면하지 않고 마주할 때, 부러움은 나를 무너뜨리는 감정이 아니라 나를 마주하는 길로 안내한다. 부러움으로 괴로워할 것인가? 부러움을 마주할 것인가? 그 선택은 나에게 달려 있다.

내 감정을 인정하면
달라지는 것들

나보다 우월해 보이는 사람의 앞에 서 있다.

'저 사람처럼 되고 싶다.'

이 감탄은 곧 부러움이 되고, 부러움은 나도 모르게 그 사람과 나를 '객관적으로' 비교하려는 시도로 이어진다. 그 사람과 나의 경험을 하나하나 분석해 보면, 나에게 부족한 부분을 찾아낼 거란 희망이 생긴다. 그런 분석은 자신의 부족함을 메우기 위한 준비나 노력의 밑거름이 된다. 왜냐하면 마음속에 '나는 지금 부족한 사람'이며, '부족한 나는 마음에 들지 않는다'라는 자기 부정이 자리하고 있기 때문이다.

'나에게도 기회가 있었다면'

나의 부족함을 나열하는 일은 곧 내가 저 사람처럼 되지 못하는 이유를 만들어 그 구조 안에 자신을 가두는 일이다. 비교의 반복은 이 구조를 더 단단하고 강력하게 만든다.

- 나는 외국에서 제대로 학교에 다녀보지 못 했지.
→ 그래서 난 저 사람처럼 잘나가지 못하나 봐.
- 나는 용기 있게 퇴사할 순 없었지.
→ 그래서 난 저 사람처럼 잘나가지 못하나 봐.
- 나는 노력하지 않았지.
→ 그래서 난 저 사람처럼 잘나가지 못하나 봐.

이러한 자기 분석은 단지 자신이 가지지 못한 걸 비교하는 데 그치지 않는다. 더 나아가 나도 그 사람과 같은 조건이지만, 충분히 노력하지 않았기 때문에 지금의 차이가 생겼다는 자책으로 변질된다. 예를 들어, 저 사람과 같은 학교를 나왔지만 내가 저 사람만큼 열심히 공부하지 않아서 그 사람만큼 해내지 못했다는 논리다.

　이 논리는 곧 내가 그때 저 사람만큼 노력했다면, 나도 저 사람처럼 되었으리라는 자기 위안이 된다. '내가 노력만 한다면 저 사람처럼 될 수 있을 거야'라는 희망 섞인 합리화로 잠시 스스로를 달래지만, 이는 근본적인 열등감을 해소하지 못한다. 그래서 그 사람을 볼 때마다 작아지는 기분에서 벗어나기 어렵다. 정말 저 사람이 부러운 걸까? 아니면 지금 스스로를 부족하다고 느끼는 나 자신이 싫은 걸까?

　타인의 실력을 대놓고 부러워하면서 비교하는 경우도 있다. 가령 누군가 나를 도와줬다면, 내 외모가 조금 더 아름다웠다면, 좋은 부모를 만났다면 지금 상황이 달라졌다고 생각하는 것이다. 노력으로 얻을 수 없는 조건에 대한 한탄은 곧 불공평에 대한 분노로 이어진다. 하지만 인정하자. 타고난 부, 외모, 성격은 애초에 개인이 선택할 수 없다.

　'쟤는 그냥 쉽게 얻었잖아'라는 생각은 그 사람의 성취를 곧

이곧대로 인정하지 않게 만든다. 겉으로는 부러움이나 질투가 아닌 듯 외면하지만 마음 깊은 곳에서 열등감을 더 키운다. 불공평한 세상을 향한 분노로 포장된 감정에는 사실 나에게 주어지지 않은 기회에 대한 깊은 아쉬움, 더 나아가 '같은 조건이라면 나도 할 수 있었을 텐데'라는 간절한 마음이 담겨 있다.

감정은 언제나
뒤섞여 온다

겉으로는 '난 저 사람이 부럽다'라고 인정하는 듯해도, 실은 열등감에서 벗어나지 못한 채 머무르는 경우가 많다. '나도 저 사람처럼 되고 싶다'라고 스스로 목표를 세우고 성찰하는 듯 보이지만, 마음속에서는 여전히 그 사람이 자꾸 신경 쓰인다. 정확히 말하자면 그 사람 자체보다도 그 사람을 떠올릴 때마다 느껴지는 내면의 열등감이 신경 쓰인다.

우리는 마음속에 떠오르는 감정을 구체적으로 구분하거나 명확하게 개념화하지 않고, 다양한 감정들을 한데 섞어 두루뭉술하게 받아들일 때가 많다. 하지만 감정에 제대로 이름을 붙이지 않으면 오히려 그 감정을 이해하는 데 방해가 된다. 마치 열등감을 '나다움 찾기나 발전을 위한 비교'라는 말로 합리화해 감추는 것처럼 말이다. 그럴수록 감정을 해체하고 그 안에 담긴 욕망의 실체를 정직하게 바라봐야 한다. 앞의 사례라면, '난 열등감을 느끼고 있다'라는 지점에서부터 출발해야 한다.

조급한 마음으로 섣불리 '나는 어디로 나아가야 하지?'라고 비교하고 분석해서 빠르게 나아가려는 이유도 어쩌면 자기 감정을 충분히 직면하지 않으려는 또 다른 도망일 수 있다. 진정으로 내 감정에 솔직해지려면 '지금 난 열등감을 느끼고 있다'라는 사실을 인정하자.

'나도 노력하면 저 사람처럼 될 수 있다'라고 자꾸만 스스로에게 희망을 주면서 다독이면, 어느 순간 '나는 노력하지 않아서 그 사람처럼 되지 못한 거야'라는 또 다른 자책으로 이어지기 쉽다. 희망으로 덮인 열등감이 또 다른 자기 비난으로 되돌아오는 악순환을 끊기 위해서, 지금의 감정을 정확히 바라보는 시간이 필요하다.

감정은 섞여서 온다. '부럽다', '질투 난다'라는 감정 뒤에는 열등감, 수치심, 억울함처럼 더 깊고 어두운 감정이 얽혀 있다. 누군가가 자꾸 신경 쓰이거나 시선이 가고 부럽고 질투가 난다면, 그 감정 안에 어떠한 이야기가 숨어 있는지부터 차분히 들여다보기를 권한다.

'나는 왜 나를 작게 볼까?'
'나는 왜 굳이 저 사람처럼 되고 싶을까?'
'나는 나대로는 충분하지 않은 걸까?'
'나는 왜 나 스스로를 부족하다 여길까?'

자신을 차분히 살펴보자. 내가 나를 어떻게 보는지, 나에게 어떤 기대를 하는지 정확히 파악할수록 불필요한 감정 소모가 줄어든다. 이왕이면 유쾌한 감정을 조금 더 누리고, 힘든 감정을 덜 힘들게 만들 수 있다면 좋지 않은가. 그래야 힘든 상황에서 힘든 감정이 또 찾아왔을 때, 덜 흔들리고 다시 일어날 수 있다.

"그 사람이 잘되는 모습을 보기 힘들어요"

3년 차 프리랜서 민경 씨가 상담실에서 처음 꺼낸 말은 "힘들어요"라는 말이었다. 최근 기분이 갑자기 가라앉고 일할 의욕도 사라졌다고 했다. 평소에는 일 욕심도 많고 열정적인 성향이지만, 감정 기복이 심해질 때면 무력감에 빠지곤 했다. 민경 씨는 프리랜서로서 일을 시작하자마자 꾸준하게 일이 들어오고, 업계에서도 실력을 인정받고 있었다. 하지만 감정 기복이 일에도 영향을 미치며 문제를 반복했다.

가라앉은 기분에 관해 이야기하던 중, 민경 씨가 갑자기 자신의 스마트폰을 내밀었다. 화면에는 한 인플루언서의 SNS

피드가 떠 있었다. 상담 중 여러 번 언급했던 인물이라 나에게도 익숙한 사람이었다.

"이 사람 인스타 좀 보세요. 최근에 릴스를 시작했는데 올릴 때마다 평균 조회 수가 1만이 넘어요. 저랑 별로 달라 보이지 않는데, 왜 이렇게 잘될까요?"

프리랜서에게 SNS는 포트폴리오였다. 게시물의 반응이 좋을수록 능력이 널리 알려지고, 이것이 새로운 의뢰로 연결되는 구조였다. 조회 수 또한 생계와 직결된 중요한 문제였다. 여기서 내가 집중한 건 따로 있었다. 민경 씨는 상담 중 그 사람의 SNS 이야기를 꽤 여러 번 언급했다. 어느새 민경 씨 삶의 중심에 그 사람이 점점 자리 잡은 듯한 느낌이었다.

민경 씨는 기분이 가라앉고 의욕이 없다고 말했지만, 유독 그 사람에 대해 이야기할 때는 강렬한 에너지가 느껴졌다. 그토록 강한 에너지의 정체는 무엇일까? 우리는 함께 그 마음을 탐색해 나갔다.

민경 씨는 그 사람을 떠올릴 때마다 예민해졌다. 기분이 점점 더 나빠졌음은 물론이고, 잘하던 일에도 집중하지 못했다.

결국 의뢰받은 일의 마감 기한을 놓치는 일이 늘었고, 규칙적으로 올리던 게시물도 현저히 줄었다. 팔로워 수도, 업무 의뢰도 조금씩 줄어들면서 '난 역시 안되는 인간인가 봐. 이제 이 일을 접을 때가 됐어'라는 생각에서 벗어날 수 없는 상태가 되었다.

그 사람을 신경 쓰느라 자신이 해야 할 일조차 제대로 못 하고 있다는 자각은 민경 씨를 더 괴롭혔다. 자책감과 수치심이 깊어지면서 결국 그동안 올렸던 모든 게시물을 삭제하고 SNS를 탈퇴했다.

부러움을 억누르면 더 괴로워진다

우리는 어느 순간 삶 전체가 한순간에 무너지는 경험을 한다. 특히 민경 씨처럼 자신보다 더 잘나가는 사람을 마주할 때 그 감정은 더욱 선명해진다. 하지만 누구에게 쉽게 말하기도 어렵다. 자신이 너무 초라하고 수치스럽게 느껴지기 때문이다.

잘되는 사람을 부러워하는 자신을 마주하는 일은 극심한 고통을 수반한다. 그 사람이 왜 잘되는지 도저히 이해할 수 없고, 나와 별반 다르지 않다고 여겨지면 그 부러움은 곧 열등감으로 뒤바뀐다. 그 사람을 부러워하고 있다는 사실 자체가, 내 열등함을 공식적으로 인정하는 일처럼 느껴지기도 한다.

그래서 신경 쓰이는 사람의 성공을 인정하지 않으려 애쓴다. 그러나 그럴수록 비참함은 깊어지고, 결국 자존감을 갉아먹는 상태까지 이른다. 이때 사람들의 반응을 살펴보면 크게 두 가지로 나뉜다. 한쪽은 낙담하고, 자기를 비하하며 스스로를 포기한다.

다른 쪽은 부러운 대상을 공격하고 비난하며 깎아내린다. '그 사람은 실력이 아니라, 불공정한 방식으로 성공했어'라고 믿으며, 상대의 성과를 정당하지 않다고 여긴다. 그 사람이 잘된 이유는 인맥이나 운 때문이며, 실력과는 무관하다는 쪽으로 흘러간다. 그렇게 믿어야 마음이 좀 편하다. 그 사람이 별로고 그 영광을 누릴 자격이 없어야 비로소 마음이 조금이라도 편해진다.

안타깝게도 이런 방식도 평온을 가져다 주진 않는다. 다시 그 사람의 '빛남'을 마주하는 순간 무너진다. 그렇기에 낙담하는 유형보다 덜 괴롭다고 볼 수도 없다. 낙담하든 공격하든 부러운 마음을 부정하려는 시도가 불러오는 고통의 본질은 같다.

부러움을 인정하는 대신, 괴로움을 증폭하는 행동이 이어진다. 부러운 사람에게 지대한 관심이 생기고 그 사람의 일거수일투족을 파고든다. 심할 경우 집착이 되기도 한다. 하루의 상당 시간을 그 사람을 분석하는 데 쓰면서 스스로는 더욱 비참해진다. 이 악순환은 좀처럼 끝나지 않는다.

부러움 속에 숨어 있던
진짜 내 모습

나의 어린 시절의 어두움은 부러움이란 감정을 처리할 줄 몰랐던 데에서 기인한 바가 크다. 상당 부분 타인을 바라보고 초조해하며 시간을 보냈다. 교실 안은 언제나 반장과 부반장을 중심으로 계급이 형성되었고, 나는 아무것도 아닌 존재처럼 느껴졌다. 초조함과 무력감이 쌓였고 중학생부터는 학교와 학원을 제외한 시간은 방 안에 틀어박혀 지냈다. 그때부터 깊은 우울감과 함께 살았다.

내 마음의 고통을 해결하고 싶어서였을까? 대학교 때 가장 귀에 잘 들어오는 과목이었던 심리학을 전공했다. 하지만 그때까지도 나는 내 마음을 잘 알지 못했다. 대학을 졸업하고 나서도 여전히 내 마음보다는 타인의 아픔이 궁금했다. 그러다 타인의 힘든 이야기를 듣는 직업을 알게 되었고, 충동적으로 대학원에 진학해 상담심리학을 전공했다. 그렇게 상담심리사로 산 지 14년이 지났다. 신기하게도 그 세월 동안 알게 된 건 타인의 마음뿐만이 아닌, 나 자신이었다.

나는 단순히 우울하고 불안한 사람이 아니었다. 내게는 그럴 만한 사정이 있음을 이해하면서 나 자신과 화해했다. 나는 늘 나보다 잘나가는 사람, 주목받는 사람을 보며 부러워했고, 동시에 그런 나를 무시하고 외면했다. 부끄러웠기 때문이다. 부러워하는 내 감정을 외면하고 억누르며 살았다. 괴로울 때마다 도피했다. 때로는 사람으로, 때로는 술과 음식, 잠으로 도망갔다. 사회에 나와서는 일이 최고의 도피처가 되었다.

그렇게 마음을 외면한 대가는 혹독했다. 망가진 마음과 함께 몸도 서서히 망가졌고, 만 서른넷 생일을 앞두고 암 진단을 받으며 모든 게 멈췄다. 갑작스럽게 암 환자가 된 나는 삶의 주도권을 완전히 잃어버렸다.

난생처음 죽음을 마주하며 지금껏 돌보지 못했던 내 몸과 마음에게 처음으로 사과했다. 오랜 우울과 불안, 분노부터 가장 힘들었던 감정, 질투까지 마주했다. 질투는 억누를수록 더 강해졌다. 그 감정을 인정하고 마주하는 순간, 감정의 주도권은 내 것이 되었다. 나는 더 이상 타인을 부러워하거나 질투하는 나 자신을 싫어하지 않는다. 그럴 만한 이유가 있으니 그러는 거라고 있는 그대로 바라본다.

질투에 대한
오해와 진실

내담자들은 대부분 처음엔 주로 타인에 대한 이야기를 많이 한다. 말 안에는 어김없이 누군가를 부러워하고 질투하는 감정이 느껴진다. 그런데 그것들이 제대로 명명되는 일은 드물다.

일상에서도 '부러움'은 그나마 가볍게 넘어갈 수 있는 수준으로 여겨진다. 그런데 그와 비슷한 상황에서 "질투한다"라고는 좀처럼 말하지도, 속으로 인정하지도 않는다. 그만큼 질투에는 더욱 부정적이고 엄격한 의미가 덧씌워져 있다.

첫째, 질투는 유치하고 미성숙한 감정일까? 질투는 아이들이나 자존감이 낮은 사람들이나 느끼는 감정이란 오해가 있다. 심지어 한국 문화에서 질투란 여자들이나 한다는 편견이 존재한다. '남자는 강해야 한다'라는 인식이 강하며, 감정을 솔직하게 드러내면 나약하게 보이기 때문에 남자에겐 눈물도 허락되지 않는다. 하지만 질투는 특정 성별이나 나이, 성격과 관계없이 인간이라면 누구나 느끼는 기본적인 감정이다.

　질투를 인정하지 않으면 오히려 감정이 왜곡된 방식으로 표출된다. 질투를 인식하고 다룰 줄 아는 게 성숙함의 척도다. 질투는 인간의 본능이다. 누군가를 질투하지만 동시에 누군가의 질투의 대상이 될 수 있다. 질투는 생존과 사회적 관계에서 중요한 역할을 해 왔다. 질투를 느끼는 자체가 문제가 아니라, 어떻게 다루느냐가 중요하다.

　둘째, 질투는 감춰야 하는 부끄러운 감정일까? 질투를 드러내면 남들이 나를 이상하게 본다고 생각하기 때문에 질투하는 자신을 숨기거나 부끄러워한다. 하지만 질투는 올바르게 이해하면 자기 성장의 계기가 된다. 질투는 나의 숨겨진 욕망과 이상적 목표를 알려 주는 감정이기 때문이다. 오히려 질투할 때 잠시 멈춰서 '나는 왜 이 상황에서 질투를 느끼지?'라고 질문한다면, 나에게 정말로 중요한 가치가 무엇인지, 나는 무엇을 갖고 싶은지 알 수 있다.

　셋째, 질투는 무조건 하지 말아야 할까? 질투는 나쁜 감정이라 없애야 한다고 생각한다. 하지만 질투 또한 수많은 감정 중에 하나로, 감정을 억누르면 더 엉뚱한 장면에서 폭발되며, 질투가 부정적으로 표출될 경우 비난이나 험담, 경쟁 의식, 열등감 등으로 발전한다.

우울을 지쳤다는 신호로 해석해서 쉬어가는 시간을 나에게 마련하듯, 불안할 때 심호흡을 통해 안정감을 심는 것처럼, 질투를 없애거나 누르지 않고 나를 알려 주는 단서로 활용하는 방법을 배워야 한다. 질투는 악마 같은 감정이 아니라 내 안의 수많은 감정 중 하나일 뿐이다.

그냥 그 감정을 받아들이자

스스로의 감정을 다룰 줄 아는 사람은 더 이상 타인과의 비교로 질투심을 느끼더라도 고통에 빠지지 않는다. 그저 그 감정과 함께 살아갈 줄 안다. 부러우면 진다는 착각은 감정을 억압할 뿐 나를 돕는 방향으로 흐르지 않는다. 질투나 부러움을 내가 바라는 방향을 알려 주는 신호로 해석하면 된다.

'내가 저 사람의 성공이 부럽구나.'

그렇게 느낀 그 감정을 억누르거나 부정하지 않고 그저 인정하자. 이미 생긴 감정은 애써 지운다고 사라지지 않음을 받아들이고, 그 이유를 탐색하는 기회로 삼자.

부러운 마음이 반드시 유쾌한 감정으로 변환될 필요는 없다. 애초에 부러움의 성격 자체가 즐겁고 신날 수도 없다. 내가 아직 갖지 못한 무언가를 마주하는 마음이 좋을 리 없다. 원하는 걸 가지지 못한 현실에 실망하고 좌절하는 마음이 드는 건 지극히 자연스러운 반응이다.

그렇다고 해서 그 감정을 억지로 지우거나, 상대방을 깎아내릴 필요는 없다. 그 사람이 가진 건 그냥 그 사람이 가진 거다. 그 이면에 어떤 사정이 있는지는 내가 알 수 없다. 우리는 타인의 전부를 알 수 없다. 이 지점을 분명히 인식만 해도 불필요한 공격성이 생길 여지가 줄어든다.

앞서 나온 민경 씨는 빠르게 성과를 내는 사람의 모습을 특히 부러워했다. '빠름'이 중요한 가치였다. 빠름은 곧 실력 있음을 의미했다. 이는 느린 자신을 실력 없음으로 평가 절하하는 마음으로 연결되었다. 빠르게 성과를 내고자 했던 마음은 곧 더 유능해지고 싶다는 욕구를 드러냈다.

그러한 자신의 욕구를 알게 된 민경 씨는 평온하던 마음에 부러움을 들이붓는 자극을 정확히 다룰 수 있게 되었다. 굳이 부러움을 자극하는 사람의 인스타그램을 보지 않기로 조절했다. 그 대신 자신이 바라는 유능함을 높이기 위해 일에 집중하는 시간을 늘렸다. 의도적인 선택과 집중이었다.

굳이 그 사람을 계속 바라보며 괴로움을 증폭하기보다 어떻게 하면 내 일에 더 집중할 수 있을지 고민하면서 삶을 다시 정돈해 나가면 삶은 점점 안정된다. 부러움은 단순한 부러움에서 끝난다. 더 이상 열등감으로 이어지며 자신을 흔들지 않는다. 감정을 누르지 않고 부러움을 있는 그대로 인정하기 때문이다.

남에게
신경 끄는 기술

 앞서 설명한 방법들을 따라 해도 누군가가 부러워서 괴롭다면 다음의 기술을 권한다. 통제 불가능한 비교 감옥에서 탈출하여 자신을 위해 에너지를 쓰는 접근법이다. 우리는 스스로 비교 자극을 찾고, 내 마음속에서 끊임없이 에너지를 쓴다. 사회적으로 비교는 이미 공기처럼 존재한다. 그것은 누구나 피할 수 없고, 우리 모두가 인정하고 넘어갈 수밖에 없는 진실이다. 그러나 그 비교를 얼마나 자주, 얼마나 강하게 작동시키느냐는 개인의 몫에 달렸다.

 '부러움 증폭기'로 비유하면, 사람마다 부러움이 증폭되는 방식이 다르다. 우리는 각자의 증폭기가 왜 작동하는지, 어떤 원인으로 부러움이 생기는지를 구분해 이해해야 한다. 그렇지 않으면 사회가 만든 1미터짜리 파도를, 내가 열심히 증폭기를 돌려서 3미터짜리 파도로 키우게 된다.

만약 지금 내가 증폭된 감정 파도 속에서 스스로 허우적거리며 괴로워한다면, 이제는 그 증폭기를 내 손으로 끌 차례다. 자극을 줄이는 일, 그것만큼은 내가 선택해서 줄일 수 있다. 부러움은 사회 시스템의 필연이 아니라, 내가 시간과 에너지를 들여 적극적으로 수행한 정보 수집의 영향임을 지각하자.

이 파도는 사회적 조건과 개인의 행동이 더해져 만들어진 것이다. 그런데 두 가지 모두를 뭉뚱그려서 사회적 조건인 듯 착각한다. 스스로 불러온 감정의 파도에 허우적거리면서, 사회 때문에 어쩔 수 없다고 착각한다.

부러움에 대처하는 방법

부러움은 잘못된 감정이 아니다. 다만 그것에 어떻게 대처하는지는 중요하다. '잘 부러워하는 방법'이 있다는 착각도 자주 목격한다. 부러워하는 대상을 열심히 분석할수록 내가 그 사람처럼 될 것 같고 "부러워하는 게 성장 동력이 될 거야!"라고 말하지만, 실제로는 그런 믿음 때문에 더욱 의식적으로 비교한다. 더 자주 부러움의 대상을 바라보며 에너지를 소모하다 지친다. 그 방법은 의미가 없다. 오히려 독이 된다.

남 이야기를 듣는 과정, 들었던 남 이야기를 누군가에게 내 입으로 전달하는 과정을 거치면서 내 안의 부러움은 점점 증폭된다. 남의 이야기에 신경 쓰지 않는 것이 순서다. 남에게 신경 쓰고 있는 나를 발견한다면 의식적으로라도 멈추기를 추천한다. 상대방의 정보를 접할수록 열등감이 생긴다는 사실을 기억하자. 분석할수록 그 사람을 넘을 수 없다는 인식, 그를 뒷받침할 증거만 늘어난다. 결국 순수한 부러움이라는 감정은 점점 열등감으로 변질된다.

인간의 심리 구조상, 부러운 타인에 대한 반복적인 노출과 비교 속에서 열등감 없이 순수한 부러움만을 유지하기란 거의 불가능하다. 만약 누군가가 그 모든 자극에도 순수한 부러움만 느낀다면 그건 거의 신에 가까운 능력이다. 우리는 신이 아니다. 그저 자극에 쉽게 흔들리는 작은 인간일 뿐이다.

일단 자극을 줄이자. 비교 시스템을 개인적으로, 의도적으로, 시간 내서 열심히 돌리는 일을 그만하자. 그리고 일상으로 돌아오자.

나를 성장시키는 감정과 깎아내리는 감정 구분하기

가진 것에 감사할 줄 알아야 행복하다는 말은 맞는 말이다. 나에게 없다고 한탄하고 넘어지면 불행의 고속열차에 탑승하는 셈이다.

그런데 돌아보면 모든 부러운 순간이 곧 불행은 아닐 테다. 부러움이 지금의 우리를 만드는 데 기여한 바가 분명히 있다. 부럽고 질투하는 마음은 내가 무엇을 바라는지 알려 준다. 그때는 그렇게까지 세밀하게 연결하지 못했지만, 돌아보면 그랬던 순간들이 분명히 있다. 부러워하는 곳으로 한 걸음씩 나아갔을 거다.

나를 키우는 선망
vs. 나를 무너뜨리는 선망

부러움이나 질투와 관련한 학술적 개념인 선망은 'Envy'로 번역되는데, 한국판 선망 척도 연구[12]에서는 선망을 두 가지 유형으로 나누었다. 바로, 무해한 선망(Benign envy)과 악의적 선망(Malicious envy)이다.

무해한 선망은 타인이 지닌 우월한 자질과 성취, 소유물을 보며 생겨나는 감정이지만, 이를 개선하고자 하는 동력으로 삼아 노력과 성장을 이끌어내는 힘으로 작용한다. '저 사람처럼 되고 싶어'라는 선망의 감정이 '나도 저 사람처럼 되기 위해 노력해야지'라는 행동으로 이끈다. 지나친 노력주의나 능력주의 함정에 빠지지 않는 선에서 이러한 노력은 스스로의 성장을 촉진하는 연료가 된다. 스스로 만든 목표를 추구하기 위한 강력한 동기가 된다.

악의적 선망은 우월한 상대방을 보면서 상대방을 깎아내리고 싶은 반응이 나타난다. 선망의 감정을 품은 자신의 내면이 아니라, 타인을 원망하고 시기하는 마음으로 나아간다. 이는 곧 타인에 대한 적대감과 공격적인 태도를 유발하는 행동으로 나타난다.

영화 〈인사이드 아웃2〉에서 라일리의 내면에는 '부럽이(Envy)'가 산다. '기쁨이'나 '불안이'처럼 주요 인물은 아니지만 곁에서 늘 맞장구를 치는 인물이다.

부럽이는 "나도 너희처럼 컸으면 좋겠어"라고 말하면서 등장한다. 누군가의 장점을 보면 눈이 커진다. 몸집은 다른 캐릭터들에 비해 아담하지만 눈망울과 입은 누구보다도 크다. 많은 것을 보고, 많은 것을 표현한다. 주로 감탄의 표현이다.

영화의 제작진은 원래 부럽이뿐만 아니라 '질투심(Jealousy)'이라는 감정 캐릭터도 있었다고 밝혔다. 내 추측이지만 부럽이가 무해한 선망을 표현한다면, 질투심은 아마 악의적 선망의 모습으로 표현되었을 것 같다. 그러나 두 캐릭터가 비슷해 혼란을 줄 수 있다는 이유로 부럽이만 남게 되었다고 한다.

선망의 감정은 이렇게 두 갈래로 나뉜다. 즉, 선망이 성장 동력으로 환원되는 조건은 '대상을 좋아함'이다. 대상을 싫어할 때의 선망은 성장 동력으로 환원되지 않는다. 고통을 양산할 뿐이다. 이왕이면 나에게도 타인에게도 무해한 방향으로 그 감정 자극을 쓰는 편이 좋다. 그러기 위해서는 선망의 감정을 알아차리고 해석하는 능력이 중요하다.

선망이
무기가 되는 순간

　나 또한 부러움이나 질투심에 걸려 넘어지기도 했지만 그것을 성장의 동력으로 삼은 경험이 있다. 내 여동생은 도자기 피부와 쭉 뻗은 다리를 갖고 태어났는데, 그게 늘 부러웠다. 외모에 점점 더 관심을 가지면서 한때 외모 강박과 콤플렉스로 고생한 경험도 있다. 하지만 그 불편한 마음은 지금은 나의 외면도 가꿀 줄 아는 방향으로 쓰이는 고마운 감정이 되었다.

　의사와 교수 아빠를 둔 학구적인 친구들이 부러워서 나도 모르게 곁에서 따라 공부했다. 좋은 대학에 가야겠다는 목표가 아니라, 그 친구들과 같은 학교에 가고 싶어서 덩달아 공부하다 보니 대학입시 시험도 열심히 준비했다. 졸업 후 입사해 보니 아나운서 준비생이었던 사람이 하나뿐인 동기가 되어 있었다. 초등학교 시절부터 발표라면 도망갔던 내가, 그 동기처럼 말하고 싶어서 말하기를 연습했다. 멋지게 말하기를 연습하다 보니 멋지게 말하는 법은 익히지 못했어도 적어도 발표가 두렵지 않게 되었다.

　부러움의 대상과 똑같거나 우월해지는 상태가 중요한 게 아니다. 나에게 그런 특성을 갖고자 하는 마음이 존재하는 자체가 중요하다. 대상을 존경하고 고마워하고 좋아하면, 갈고닦은 내 능력이 대상을 능가하지 못하더라도 화가 나진 않는다. 닮고 싶다는 마음 자체가 나에게 의미가 있다. 그러면 원하는 방향으로 조금씩 나아갈 수 있다.

예를 들어, 내 성향이 충동적이라면 신중하고 절제하는 사람의 태도가 부러울 것이다. 생각과 행동, 결정이 빠른 만큼 그 부작용을 몸소 겪어 왔기 때문이다. 이런 나의 모습을 자각하고 조금 더 천천히 결정하고, 신중하며 절제하는 태도를 가진 사람을 본받고 그 방향으로 나아가는 것은 건강한 변화의 시작이다. 아주 작은 변화라도 괜찮다. 내가 그 방향으로 나아가고 있다는 사실이 가장 중요하다.

부러움을 굳이 증폭할 필요는 없다. 하지만 이미 발생한 부러움이라면 가능한 한 그 감정을 나를 위한 방향으로 쓰는 편이 현명하다. 부러움이란 감정이 나에게 해가 되지 않도록 그 감정을 억누르기보다 어떻게 다룰지 집중하는 태도가 나에게 이롭다. 결국 내 안의 부럽이는 내 삶을 방해하기 위해서가 아니라 응원하기 위해 등장한 하나의 감정 캐릭터이다.

당신 안의 부럽이는 지금 뭐라고 말할까? 언젠가 그 작은 부럽이가 눈을 크게 뜨고 말하기 시작한다면, 그 말을 한번 들어 보자. 그 감정이 가리키는 방향에 어쩌면 당신이 진짜로 원하는 삶의 한 조각이 숨어 있을지도 모른다.

감정과 함께 살아가는 담담한 태도

　어디가 아프다고 하면 얼마나 아픈지, 얼마 동안이나 아픈지 정도의 차이만 있는 게 아니다. 통증도 저마다 다르다.

　돌이켜보면, 내가 처음 겪은 큰 신체적 통증은 생애 첫 수술을 받았을 때였다. 암 수술을 받고 전신마취에서 깨어났을 때, 묵직하고 뻐근한 통증이 온몸을 짓눌렀다. 그 감각은 8년이 지난 지금도 또렷하게 기억난다. 곧 투여된 무통 주사 덕분에 통증이 사라지자 오히려 기분이 좋아질 정도였다.

　회복 후 이어진 항암 치료에서 또 다른 통증을 경험했다. 총 네 차례로 이어진 항암제 주사는 암 수술보다 족히 열 배는 더 힘든 고통이었다. 그때는 정말 많이 울었다. "차라리 치료 그만 할래"라는 말까지 나왔다. 이 치료를 중단하면 죽을 수도 있음을 알면서도, 당장 감당하기 어려운 고통 앞에서 무너져 버린 밤이었다. 결국 1, 2차 항암에 간신히 적응하는 과정에서 혈액종양내과 주치의 선생님의 끈질긴 설득에 기대어 4차까지 마쳤다. 하지만 지금 다시 그 치료를 받아야 한다면? 정말 심각하게 마음의 준비가 필요한 일이다.

감정도 결국
지나가는 통증처럼

그런 통증을 경험했음에도 방금 발가락을 어딘가에 세게 부딪쳤을 때 느낀 통증이 작게 느껴지지 않아서 당황스럽다. 또 다른 결의 통증이다. 아주 몇 초지만 매우 강렬하게 불쾌했다. 잔뜩 술에 취해 필름 끊긴 다음 날의 여파는 또 어떠한가. 이틀 정도 생긴 위장 통증도 난도가 꽤 높다. 살면서 여러 종류의 고통이 다 달랐다. 통증은 언제나 낯설고, 감당하기 어렵다. 세상엔 또 얼마나 많은 종류의 아픔이 있는가.

나는 이 모든 통증을 경험할 때마다 우리의 감정도 그렇다는 생각을 자주 한다. 살면서 누가 일부러 불쾌하고 싶을까. 가능하다면 유쾌한 기분만 느끼며 살면 좋지 않은가. 하지만 대체로 삶은 유쾌와 불쾌 사이를 끊임없이 오가는 일인 듯하다.

감정을 마음대로 선별해서 느낄 수는 없다. 마치 피할 수 없는 통증처럼 어떤 감정은 갑작스럽고 강렬하고, 또 어떤 감정은 오래 지속되며 은근히 지치게 한다. 여기서 할 수 있는 일은 불쾌한 감정도 피하지 않고 버텨내며 넘어가는 힘을 기르는 일이다. 이 사실을 조금이라도 빨리 받아들일수록, 감정과 친해진다.

'도대체 나는 왜 이런 감정을 느끼는가?'
'왜 이런 감정이 자꾸 나를 괴롭히는가?'
'난 왜 자꾸 남들과 비교하며 자책하는가?'
'난 왜 자꾸 모든 걸 놓아버리고 싶을 만큼 무기력해지는가?'

이런 질문들이 자꾸 마음속에서 샘솟는다면, 그건 감정이 하는 말이다. 지금 이만큼 괴롭다고, 이렇게까지 힘들다고 줄기차게 말해야 들어줄 것 같아서 감정이 목소리를 높이는 중이다. 그럴 때 그 감정을 억누르거나 혼내지 않고 그저 바라보

자. 이 감정도 결국 나를 위한 것이다. 나의 괴로움을 줄이기 위해서 더 유쾌하고 편안한 삶으로 데려가고 싶은 마음의 표현이다. 타인을 보며 피어나는 그 모든 감정을 내 안에서 바라보자. 그것만이 가장 담담한 대책이다.

감정
해방 연습

이 글을 쓰는 지금 어릴 때 살던 동네에 와 있다. 회사의 CEO부터 관리자, 사원들의 마음을 만나러 왔다. 직원들의 마음 관리의 중요성을 인지하는 CEO를 만나는 일은 결코 흔치 않다. 모든 일은 사람이 하기에 함께 일하는 사람들의 마음 상태는 무엇보다 중요하다. 하지만 아이러니하게도 그 중요성은 좀처럼 인정받지 못한다.

나를 찾아오는 수많은 내담자들이 직장 문제로 고민하고 괴로워한다. 자유와 권리 속에서 무엇을 더 중요한 가치로 여겨야 할지 혼란스러워한다. 일은 우리 삶에서 결코 떼놓을 수 없는 부분이다.

일은 괜찮은데
사람이 힘들다면

직장인 상담을 하다 보면 업무 고민의 상당 부분이 '사람'으로부터 오는 감정 문제다. 체감상 인간관계가 섞이지 않은 이슈는 찾기 힘들 정도다.

아무리 열심히 일해도 결과만 보고 비판하는 상사 앞에선 기가 죽고 억울하다. 퇴근하고도 계속 일을 생각하고, 고민하고 마음을 쓰지만 그런 노력은 하나도 알아주지 않는다. 은근히 무시하는 동료도 신경 쓰이고, 같은 실수를 반복해서 일을 두세 번 하게 만드는 타 부서 직원도 짜증이 난다. 내가 잘못하지도 않은 일에 사과해야 하는 부당함도 버티기 힘들다. 참는 게 익숙해진 줄 알았다가도 어느 날 한꺼번에 터진다.

몸도 마음도 상하고 위축되고 멍한 날이 이어진다. 밤에는 쉽게 잠들지 못하고 불면이 찾아온다. 다음 날은 종일 피곤하고 얼굴엔 화가 가득하다.

'내가 어쩌다 이렇게 되었을까?'
'이 일을 계속하는 게 맞을까?'
'이 일이 나에게 안 맞는 건 아닐까?'

이런 생각이 이어지면서 불안은 더 커진다. 계속해서 이렇게 살다 보면 몸도 마음도 다 망가질까 봐 걱정 지옥에 빠진다.

조직에 속해 있다면 가장 쉽게 침해받는 욕구가 '자유'의 욕구다. 그래서 자유를 인생의 가장 중요한 가치로 여기는 사람일수록 사회생활을 어려워한다. 창업하거나 프리랜서로 일하는 사람들이 자유를 생의 최고 가치로 많이 꼽는 이유다. 현실치료 이론에서 말하는 인간의 5대 기본 욕구인 생존, 사랑, 자유, 즐거움, 성취 중에서 주저 없이 자유가 일순위인 사람들이다.

꼭 자유가 일순위 욕구가 아니더라도 인간이라면 누구나 자유가 침해당하는 순간 괴로워진다. 정도의 차이가 있을 뿐이다. 인생에서 어느 정도의 자유를 누리는지는 자유를 박탈당했을 때 확실하게 드러난다.

해외여행을 갔다 오고 나서야 진정한 자유를 느꼈다고 말하는 사람들도 있다. 여행이나 낯선 세상이 주는 새롭고 멋진 풍경이나 자극 때문만은 아닐 것이다. '아무도 나를 모른다'라는 느낌은 커다란 해방감으로 느껴지기도 한다. 그래서 한국이라면 절대로 입지 않았을 옷을 입고, 평소엔 엄두도 내지 못할 일탈도 가능해진다. 그러한 비일상이 주는 쾌감이 그리워서 해외여행을 꿈꾸는 사람들을 많이 본다.

욕구가 삶을 더
빛나게 만드는 이유

일상에서 자유를 만끽 중인 한 고객과 상담을 진행했다. 그 고객은 연 매출 수십억 원을 수년째 기본으로 달성하는 30대 사업가였다. 누가 봐도 유능한 사업가였다. 그런데 그가 가장 큰 성취감을 느끼는 순간은 따로 있었다. 수치로 보이는 매출보다도, 구성원들과 마음을 주고받는 소통에서 더 깊은 만족감을 느끼고 있었다. 사람들이 자신이 만든 조직 안에서 더 나은 삶을 살아간다고 말할 때, 그는 진심으로 보람을 느끼는 사람이었다. 그에게 일은 타인의 성장을 돕는 장이자, 연결을 만들어내는 활동이라는 의미가 컸다.

실제로 그는 사람과 연결되고 싶은 욕구가 강한 사람이었다.

그래서 타인과 더 연결되는 방향으로 일하며 사업을 꾸려나갔다. 그의 사업가적 능력은 타인의 삶을 성장시키고 있었다. 그는 자신의 자유를 일 안에서 누렸다. 자신의 욕구를 충족하는 방향으로 쓰이는 모든 일은 스스로를 자유롭게 만든다.

며칠 전 "혜진 쌤은 왜 그렇게 일을 많이 하세요?"라는 질문을 들었다. 곰곰이 생각한 끝에 "저에게 온 기회가 소중해서요"라고 대답했다.

개인사업자로 살아온 지 9년 차, 내가 스스로 일을 만들지 않으면 생존할 수 없는 삶을 살아왔다. 그런 나에게 일할 수 있는 기회란 가벼운 일이 아니다. 일은 늘 소중하고 감사하다.

나에게 있어서 일은 곧 배움이기도 하다. 내가 하는 일은 대부분 사람과의 상호작용으로 이루어진다. 사람을 만나 대화하고, 그 대화로 사람을 느끼고 또 배운다. 일에서 얻는 즐거움과 보람은 곧 '사람'을 통한 배움에서 온다.

좀 더 욕심을 내본다면, 내가 하는 이 일이 누군가에게 필요한 지식과 경험으로 닿을 수 있다면 더할 나위가 없겠다. 그럴 때 난 더없이 자유롭다고 느낀다. 내가 일을 통해 바라는 최대치의 자유다. 내 일이 의미 있을 때 나는 자유로워진다. 내가 스스로 선택한 목적이 실현되는 순간이라 그렇다.

떠나지 않고
자유 획득하기

다시 직장인의 이야기로 돌아와 생각해 보자. 자유가 침해되는 환경 속에서 어떻게 살아가면 좋을까? 일단 자유가 최우선인 사람이라면 이미 회사를 나왔거나, 회사에서 내보내졌거나, 지금 진지하게 퇴사를 고민 중일 것이다. 많은 경우, 퇴사 후 독립적인 길로 나아갈 가능성도 크다.

그런데 꼭 퇴사를 염두에 둬야 할 정도는 아니라면 어떨까? 자유도 중요하지만, '안정'이 더 중요한 사람이라면 어떨까? 이 경우엔 섣불리 프리랜서나 사업체를 운영하는 삶을 선택하지 말라고 권하고 싶다. 자유가 침해당했던 삶에서 안정의 욕구가 좌절되는 삶으로 전환되기 때문이다. 생존에 직결한 부분일수록 더욱 현실적으로 접근할 필요가 있다. 나의 경우, 안정보다는 자유를 우선순위에 두었다. 불안정감을 감수하며 살아가기로 선택했다.

그렇다면 안정을 선택해서 조직에 남기로 한 사람이라면 어떻게 자유 욕구를 충족시킬 수 있을까?

첫째, 자유를 완전히 포기하는 방안은 추천하고 싶지 않다. 그게 과연 가능한 일인지 모르겠다. 자유는 인간의 기본적인 심리적 욕구다. 억누른다고 사라질 욕구가 아니기에, 억압된 자유는 언젠가 예기치 않은 방식으로 터져 나오기 마련이다.

그렇다면 다음의 두 가지 길을 생각해 보자. 먼저, 일 안에서 자유를 획득하는 방안이다. 이때 활용할 수 있는 개념이 '잡 크래프팅(Job crafting)[13]'이다. 국내에서는 '직무 의미 창조'[14]로 번역될 수 있는 이 개념은, 자신의 일을 능동적으로 재구성하는 과정을 의미한다. 예를 들어, 업무의 양이나 순서 등을 조정하는 '과업(Task crafting) 크래프팅'을 통한 변화, 함께 일하는 사람이나 협업의 방식을 바꾸는 '관계 크래프팅(Relational crafting)', 그리고 일의 목적과 의미를 재해석해 보는 '인지 크래프팅(Cognitive crafting)'이라는 세 가지 측면이 있다.

이런 변화를 가능하게 만드는 전제는 주도성과 자율성의 영역이 원활하게 작동하는 상태다. '바꿀 수 있는 측면'에 집중하는 태도는 건강한 접근이 맞다. 조직 안에서 '바꿀 수 없는 것'은 과감히 신경을 끄되, 나 스스로 바꿀 수 있는 영역을 눈을 크게 뜨고 찾아보는 힘은 분명 일에 변화를 만든다.

그런데 만약 이러한 힘이 없는 상황이라면 어떨까? 아무리 들여다보아도 이 조직 안에서 내가 바꿀 수 있는 영역이 보이지 않는다면 말이다. 그럴 땐 시선을 돌리는 것도 방법이다. 직장에서는 돈을 버는 행위를 통해 '생존'의 욕구를 충족하고, 직장 밖에서는 자유를 획득할 방안으로 시도해 본다. 그럴 때 일상에서의 자유 찾기 시간이 도움이 된다.

예를 들어, 해외여행에서만 자유를 만끽하는 내담자에게 나는 이렇게 질문한다.

"그런 자유로운 행동이 해외에서만 가능한 일일까요?"
"일상에서 그와 유사한 느낌을 얻으려면, 지금 당장 나를 어디에 데려다 주면 좋을까요?"
"24시간이 있다면, 그 시간을 어떻게 사용하고 싶은가요?"

이렇게 질문하고 대화하다 보면, 생각보다 거창하지 않은 답변들이 나온다. 자유롭게 보이는 다른 사람을 그대로 따라 하라는 말이 아니다. 지극히 나에게 자유를 주는 조건을 직접 실험하며 찾아가라는 뜻이다. 어떤 사람은 예쁜 카페에서 햇살을 즐기는 것만으로 자유로울지라도, 나에겐 그것이 별로일 수 있다.

  한 번에 찾아지진 않기에, 틈틈이 나만의 자유를 찾아보길 권한다. 그런 여정에서 당신은 언제 어떨 때 자유를 느낄지 궁금하다. 자유롭다는 느낌은 사람마다 다르다. 단순히 기분이 좋아지거나, 괜히 뿌듯하고 웃음이 나는 감정이 들 수도 있다. 가벼운 마음으로 순간에 몰입하는 자신의 모습을 발견했을 때 그 안에서 어떤 느낌이 드는지, 당신의 자유는 어디에서 오는지 천천히, 세세하게 느끼는 순간을 가지길 바란다. 바로 그 순간이 당신의 자유다.

  제때 먹지 않으면 멍이 드는 과일처럼, 우리의 마음도 그때그때 꺼내 보아야 한다. 그렇지 않으면 우리도 모르게 어딘가 멍이 든다.

불안할 수도 있음을
심플하게 인정해 보자

며칠 뒤, 아니 몇 시간 뒤에 어떤 무서운 일이 벌어질지 모른다. 그런 일을 지난 몇 년간 몸소 경험해 왔다. 집을 떠나고 다시 집에 돌아올 수 있다는 자체가 큰 행운이다. 코로나19로 보고 싶은 사람과 만날 수 없는 경험을 했다. 그래서 지금 이 순간, 별일이 없다면 그 자체로 다행이다.

여전히 난 그러한 불안을 느낀다. 하나뿐인 반려견과 남편이 하루 한 번 산책하러 나가면, 그들이 돌아올 두 시간 동안 나는 크고 작은 불안을 만난다.

'혹시 사고라도 나면 어떡하지?'

마치 내가 지금 앉은 의자의 감촉처럼 불안은 일상 곳곳에서 '나 여기에 있다'고 나를 건든다. 그럴 땐 그 불안에게 인사하지 않을 도리가 없다. '그래, 너 거기에 있지'라고 대응하며 나는 내 할 일을 한다.

불안을 챙기는 나만의 의식을 이어간다. 먼저 내 시선을 끌 수 있는 플레이리스트를 켠다. 듣자마자 감탄하며 몰입할 음악이 미리 준비돼 있다. 그러면서도 내가 더욱 몰입할 수 있는 일을 한다. 주로 이렇게 글을 쓰는 일이다.

나는 주로 남편이 강아지랑 산책하러 간 사이에 글을 쓴다. 이 책의 글들이 주로 그 시간에 만들어졌다. 나는 두 시간가량 내 안의 불안을 의자 삼아 글을 쓴다. 불안이 반가울 리 없다. 그저 그 시간을 견딜 뿐이다.

감정이란 그렇다. 불안도 우울도 외로움도 좋을 수 없다. 그저 버텨 낸다. 좋은 감정으로 대체할 필요도, 그럴 수도 없다. 애초에 불가능하다. 불안은 불안이고, 우울은 우울이며, 외로움은 외로움이다.

불안도
적응이 된다

 한 시간쯤 음악에 빠졌다 흥얼거리다 내 일을 하다 보면 불안이 덜 번거롭게 느껴진다. 그때쯤엔 불안도 잠을 자는지, 날 건드리지 않는다. 그렇게 나의 몰입을 이어간다. 혼자여도 괜찮다는 생각이 든다.

 불안해도 몰입은 가능하다. 혼자서도 괜찮을 수 있다. 불안을 제거하지 않고 불안과 함께한다. 기꺼이 수용하면 불안해도 괜찮다. 어차피 불안이랑 평생 살아야 하는 삶을 받아들인다.

 내 감정을 돌보는 일은 매우 번거롭다. 하지만 감정을 보지 않으면, 인생이 더욱 겉잡을 수 없이 번거로워진다. 감정은 이유가 있어 생기니, 그저 감정을 알아주면 된다. 그리고 다시 내 삶을 살아가면 된다. 그 감정과 함께 살아가는 법을 익힌다.

 그러니 지금의 모든 감정을 마주하기로 선택하는 편이 현명하다. 어차피 과거부터 흘러온 감정도 지금 여기에 쌓여 있다. 보내줄 건 보내주고, 정리하자. 그래야 앞으로 나아가는 길이 한결 가볍다. 그래야 내가 가고자 하는 방향으로 힘 있게 나아갈 수 있다.

자신의 불행을 오픈하며 나에게 말을 걸었던 남편과 지독한 불행감에 대해 오래 고민하고 한때 '자살 사고'를 연구 주제로 삼았던 내가 만났다. 계획된 우연인지 어쩌다 서로를 만나 더 나은 삶을 꿈꾸며 산 지 10년이 넘었고 나도 남편도 그때보다 나아졌다.

지독하게 어두웠던 그는 어느새 유쾌해졌고, 불안과 회피가 뒤섞인 복합형 애착으로 오랜 시간을 혼란스러워하던 나는 어느새 혼자서도 잘 있게 되었다. 눈앞에 그가 없어도 혼자서 내 시간을 보낼 줄 알게 되었다. 불안이 두려워 일로 도피했던 내가 이제는 불안한 감정을 데리고, 불안과 함께 일하고 사랑할 줄 아는 나로 산다.

그때의 우리가 그랬듯 지금 어딘가에 살기 어려운 마음을 부둥켜안고 버티는 사람이 많다. 점점 더 불확실성이 커져만 가는 이 세상에서 생명으로 태어난 이상, 우리 모두의 삶은 서로의 온기로 조금 더 살만해진다고 믿는다. 내 안의 감정을 안전하게 꺼낼 수 있는 단 한 사람을 찾는 여정이 인생이 아닐까? 죽을 줄 알지만 사는 것처럼 오늘의 불편한 감정들도 기꺼이 껴안고 살아가기로 한다.

우리는 더
나아지는 중이다

"인간은 변화하는가?"

상담심리학 석사과정 중, 지금도 기억에 선명한 한 수업의 에세이 주제였다. 상담자로서의 훈련을 시작한 2011년, 나는 "인간은 변화한다"라는 믿음을 품고 이 길에 들어섰다. 상담자의 길을 먼저 걸어간 선배들의 말과 글을 근거로 인간은 변화한다고 믿고 싶었다. 나 자신이 변화를 절실히 원했기 때문이다.

당시의 나는 그만큼 마음이 불편했다. 그 마음으로는 세상을 살아가기가 너무나도 버거웠다. 자살 사고도 빈번했다. 죽을 것처럼 불편했던 상태였다. 석사 학위 논문의 주요 주제로도 '자살 사고'를 선택했다. 그리고 논문의 결론은 이랬다.

우리는 의도적인 인지 능력의 개발을 통해 자살 사고조차도 조절할 수 있다.

즉, 인간은 아무리 불안정한 상태에 있어도 후천적으로 더 안정된다는 믿음을 연구로도 확인하고 싶었고, 통계적으로 그 믿음을 뒷받침할 수 있었다. 시간이 지나, 나도 내담자들도 변화의 과정을 만들어 냈다.

변화는 절실한 감정이 만드는 사건이다

상담을 하다 보면 때때로 상담자인 내가 조급함을 느낄 때가 있다. 상담에는 내담자의 비용이 들어가다 보니, 가능한 한 빠르게 성과가 나야 한다는 압박감 때문이다. 하지만 그것은 어디까지나 '나'의 마음이다. '내담자'의 마음이 아니다.

"내담자는 스스로 원할 때 변화한다."

나 스스로에게 그렇게 말하며 조급함을 달랜다. 내담자가 원하는 변화, 내담자의 속도에 집중하기 위해서다. 실제로 지난 시간 동안 만났던 많은 내담자들이 결국 자신에게 꼭 맞는 변화를, 자기만의 속도로 만들었다.

인간의 변화는 결코 쉽게 일어나지 않는다. 순식간에 일어나는 일도 아니다. 그렇지만 변화가 일어난 뒤에 돌아보면, 그 순간은 인생에 있어 명백한 '사건'이다. 그만큼 변화란 막연한 불편함으로는 만들어질 수 없다. 정말로 변화가 일어나는 순간은 "이대로는 정말 안 되겠다. 이대로 살다가 정말로 죽을 것 같다"라는 위기감이 들 때이다. 그때가 바로 변화를 위한 준비가 완성된 때다. 변화는 많은 준비와 동시에 에너지가 드는 일이다.

우리는 종종 스트레스를 받을 때 누군가와 만나 뒷담화를 하고 나면 불편감이 사라지는 경험을 한다. 맛있는 음식을 먹거나 술이나 잠으로 스트레스가 해소되는 정도의 불편감은 삶에 늘상 존재한다. 죽을 것 같지도 않아서 반복된다. 스트레스라는 이름으로 삶에 부유한다. 그럴 땐 변화가 일어나지 않는다.

그런데 무엇을 해도 불편감이 남아 있다면? 그 불편한 감정은 나를 움직이는 에너지가 된다. 무언가를 바꾸지 않고는 견딜 수 없는 정도의 불편감이 우리를 바꾼다. 그래서 지금 바뀌고 있지 않다고 생각해도 나약한 게 아니다. 그저 아직 변화에 필요한 에너지가 충분하지 않은 상태일 뿐이다.

모든 것에 변화가 필요하지는 않다. 자기 계발도 마찬가지다. 굳이 귀찮고 하기 싫고, 왜 해야 하는지도 모를 변화를 '자기 계발'이라는 이름으로 억지로 할 필요는 없다. 우리는 정말로 내 삶에 필요한 변화만 알아차려도 충분하다. 정확히 무엇이 필요한지를 알아차리는 일, 내가 어디에서 자주 걸려 넘어지며, 내 삶에서 무엇이 변화할 때 더 편안해질 수 있는지만 찾아내도 충분히 의미 있다.

불편함은 변화로 이어진다

첫 책에서 나는 이런 이야기로 책을 마무리했다.

결국, 인간의 행동을 실제로 이끌어 내는 건 '해야 한다'는 당위가 아니라 '하고 싶다'는 욕구이며, 이것이 바로 진짜 변화를 바라는 마음이다.

그리고 이번 책을 마무리하면서도 나는 이 문장들을 떠올렸다. 감정을 이야기한 이 책에서도 결국 우리의 관심은 변화가 아닐까. 우리가 나 자신에 대해 알고 싶은 이유는 더 나은 방향으로 건너가길 바라는 마음일 테다. 그래서 내가 나를 돕기 위해 자신에 대해 기꺼이 탐구하리라 믿는다. 그 길에 감정은 도움을 주는, 말하자면 조력자인 셈이다. 그래서 우리는 감정을 잘 알 필요가 있다.

사람은 불편하다고 느낄 때 변화한다. 지금 이 순간 너무나도 견디기 힘들 정도로 불편하기 때문에 조금이라도 편해지고 싶다는 마음이 스스로의 변화를 일으킨다. 정말로 변화를 하고 싶다는 욕구가 변화를 만든다.

지난 14년 여간 내담자들의 수많은 눈물은 슬픔이라는 감정을 대변하며 마음을 치유해 왔다. 사람에게 민감해서 스트레스를 받는 사람일수록 결국 자신에게 꼭 맞는 사람을 찾아냈다. 세상이 두려워 움츠러들었던 사람들일수록 그 험한 세상 속에 자신의 존재감을 드러낼 수 있는 길을 찾아내고야 말았다.

나는 수많은 내담자들을 보며 변화는 가능하다는 확신을 얻었다. 그 중심엔 불편한 감정이 있었다. 그래서 지금 너무나도 괴롭다면, 그 괴로움은 결국 당신의 성장을 돕는 힘으로 쓰일 테다. 이 글을 읽고 있을 당신이 스스로에게 그렇게 말하길 바란다.

굳이 일부러 불편함을 만들 필요는 없다. 하지만 이미 불편함을 느끼고 있다면, 그 감정은 스스로의 안위를 위하는 마음의 신호다. 나답게 살아가는 데 주저함이 없도록, 더 자유로운 나로 살아갈 수 있도록, 감정은 지금도 길을 알려 주고 있다. 그 감정을 오롯이 마주하는 시간이 이어지기를 바란다.

참고 문헌

1. 서울아산병원 건강정보. https://www.amc.seoul.kr/asan/healthinfo/disease/diseaseDetail.do?contentId=31902
2. 서은국, 구재선. 2011. 단축형 행복 척도(COMOSWB) 개발 및 타당화. 한국심리학회지: 사회 및 성격, 25(1), 95-113.
3. 샌디 호치키스. 《나르시시즘의 심리학》
4. 와이즈앱. SNS 이용 현황. https://www.wiseapp.co.kr/insight/detail/395
5. 조선일보. Z세대의 SNS 이용 패턴 변화. https://www.chosun.com/economy/tech_it/2024/03/05/WSC7JI7AIVFLFO57IV5C3FQ3AI/
6. 오마이뉴스. 청년 세대와 불안. https://www.ohmynews.com/NWS_Web/View/at_pg.aspx?CNTN_CD=A0003110720
7. 지연정, 문명현, 박지호, 김병주. 2023. 대학생의 학교폭력 실태조사와 개선을 위한 예방대책 방안 연구. 한국청소년연구, 34(2), 33-65.
8. Salovey, P., Mayer, J. D. 1990. Emotional intelligence. *Imagination, Cognition and Personality*, 9(3), 185-211.
9. 조너선 하이트. 《불안 세대》.
10. Brailovskaia, J., Krasavtseva, Y., Kochetkov, Y., Tour, P., Margraf, J. 2022. Social media use, mental health, and suicide-related outcomes in Russian women: A cross-sectional comparison between two age groups. *Women's Health*, 18, 17455057221141292.
11. Paat, Y. F., Lin, M. L. 2024. A socio-ecological approach to understanding the utility of kindness in promoting wellness: A conceptual paper. *Social Sciences & Humanities Open*, 10, 101159.
12. 임혜빈, 최준영, 윤진헌, 이병관. 2021. 한국판 선망 척도 개발 및 타당화 연구. 한국심리학회지: 소비자·광고, 22(2), 271-291.
13. Wrzesniewski, A., Dutton, J. E. 2001. Crafting a job: Revisioning employees. *Academy of Management Review*, 26(2), 179-201.
14. 조주연, 김명소. 2015. 직무의미창조(Job Crafting) 척도 개발 및 타당화 연구. 생애학회지, 5(3), 29-46.

나를 용서하고 더 좋은 사람이 되기 위한 심리학
내 감정은 틀린 적이 없다

© 이혜진 2025

인쇄일 2025년 9월 15일
발행일 2025년 9월 22일

지은이 이혜진
펴낸이 유경민 노종한
책임편집 구혜진
기획편집 유노책주 김세민 구혜진
기획마케팅 1팀 우현권 이상운 **2팀** 이선영 최예은 전예원 김민선
디자인 남다희 홍진기 허정수
기획관리 차은영
펴낸곳 유노콘텐츠그룹 주식회사
법인등록번호 110111-8138128
주소 서울시 마포구 동교로17안길 51, 유노빌딩 3~5층
전화 02-323-7763 **팩스** 02-323-7764 **이메일** info@uknowbooks.com

ISBN 979-11-7183-137-1 (03180)

- — 책값은 책 뒤표지에 있습니다.
- — 잘못된 책은 구입한 곳에서 환불 또는 교환하실 수 있습니다.
- — 유노북스, 유노라이프, 유노책주, 향기책방은 유노콘텐츠그룹의 출판 브랜드입니다.